Procesos de participación de mujeres y hombres y creación de redes para el impulso de la igualdad

Irene Fernández Vidal

ic editorial

Procesos de participación de mujeres y hombres y creación de redes para el impulso de la igualdad

1ª Edición

Editado por: IC Editorial
c/ Cueva de Viera, 2, Local 3
Centro Negocios CADI
29200 Antequera (Málaga)
Teléfono: 952 70 60 04
Fax: 952 84 55 03
Correo electrónico: iceditorial@iceditorial.com
Internet: www.iceditorial.com

ISBN: 978-84-1184-451-2
Depósito Legal: MA-2565-2024

Impresión: PODiPrint
Impreso en Andalucía – España

Nota de la editorial: IC Editorial pertenece a Innovación y Cualificación S. L.

Presentación del manual

El **Certificado de Profesionalidad** es el instrumento de acreditación, en el ámbito de la Administración laboral, de las cualificaciones profesionales del Catálogo Nacional de Cualificaciones Profesionales adquiridas a través de procesos formativos o del proceso de reconocimiento de la experiencia laboral y de vías no formales de formación.

El elemento mínimo acreditable es la **Unidad de Competencia.** La suma de las acreditaciones de las unidades de competencia conforma la acreditación de la competencia general.

Una **Unidad de Competencia** se define como una agrupación de tareas productivas específica que realiza el profesional. Las diferentes unidades de competencia de un certificado de profesionalidad conforman la **Competencia General,** definiendo el conjunto de conocimientos y capacidades que permiten el ejercicio de una actividad profesional determinada.

Cada **Unidad de Competencia** lleva asociado un **Módulo Formativo,** donde se describe la formación necesaria para adquirir esa **Unidad de Competencia,** pudiendo dividirse en **Unidades Formativas.**

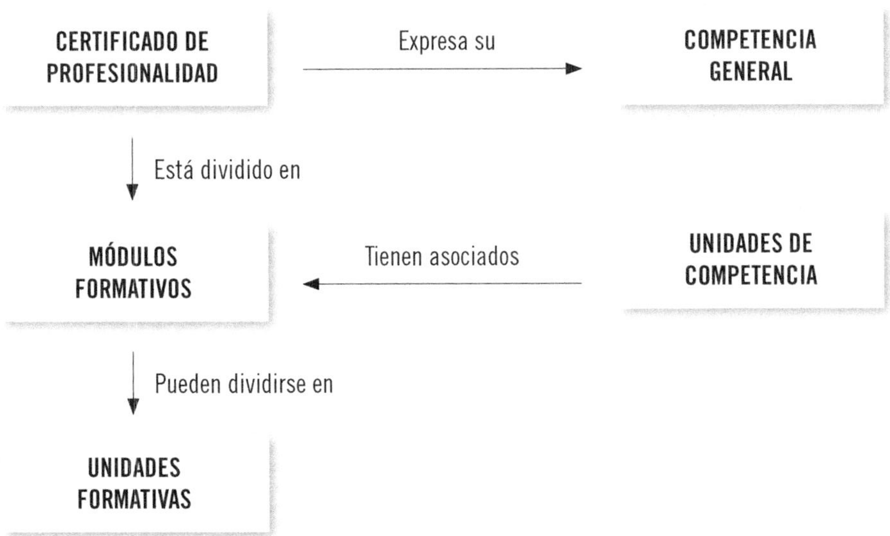

El presente manual desarrolla la Unidad Formativa **UF2685: Procesos de participación de mujeres y hombres y creación de redes para el impulso de la igualdad,**

perteneciente al Módulo Formativo **MF1454_3: Participación y creación de redes con perspectiva de género,**

asociado a la unidad de competencia **UC1454_3: Favorecer la participación de las mujeres y la creación de redes estables que, desde la perspectiva de género, impulsen el cambio de actitudes en la sociedad y el «empoderamiento» de las mujeres,**

del Certificado de Profesionalidad **Promoción para la igualdad efectiva de mujeres y hombres.**

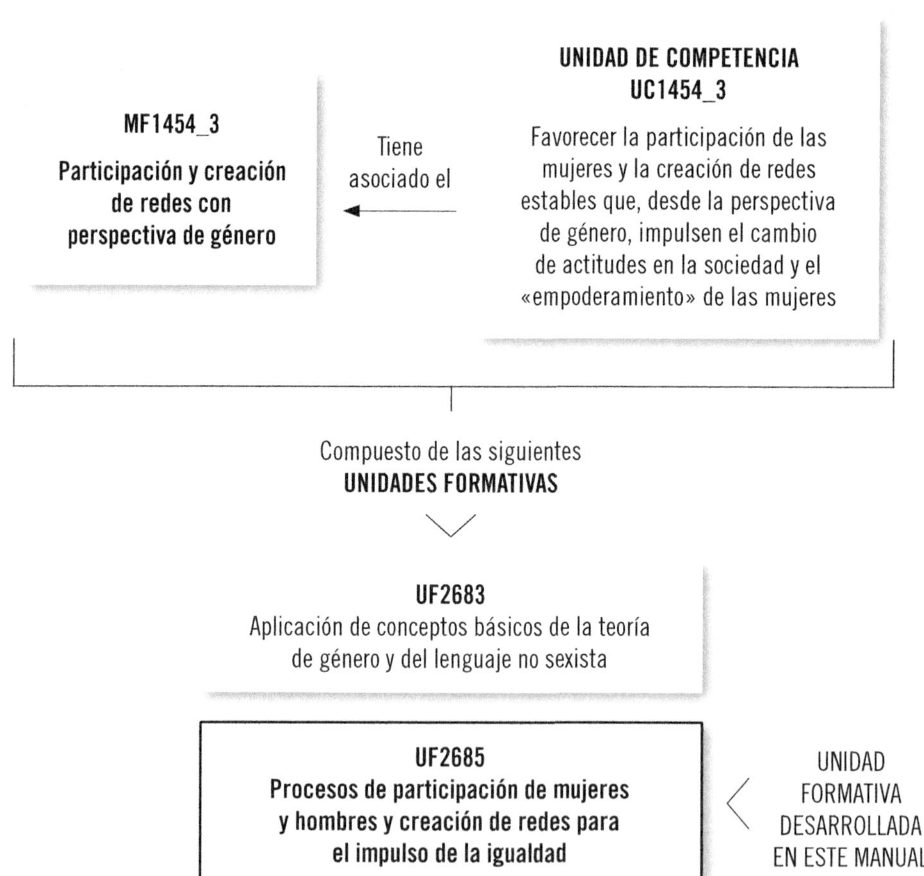

<table>
<tr><th colspan="4">FICHA DE CERTIFICADO DE PROFESIONALIDAD</th></tr>
<tr><th colspan="4">(SSCE0212) PROMOCIÓN PARA LA IGUALDAD EFECTIVA DE MUJERES Y HOMBRES (R. D. 990/2013, de 13 de diciembre)</th></tr>
<tr><td colspan="4">COMPETENCIA GENERAL: Detectar situaciones de desigualdad, visibilizándolas ante el conjunto de la sociedad, trabajando en su prevención y en su erradicación en colaboración con el equipo de intervención, las instituciones y los agentes sociales, y potenciando la participación ciudadana de las mujeres, así como la articulación de procesos comunitarios enfocados hacia su «empoderamiento».</td></tr>
<tr><th>Cualificación profesional de referencia</th><th colspan="2">Unidades de competencia</th><th>Ocupaciones o puestos de trabajo relacionados</th></tr>
<tr><td rowspan="5">SSC451_3: PROMOCIÓN PARA LA IGUALDAD EFECTIVA DE MUJERES Y HOMBRES

(R. D. 1096/2011, de 22 de julio)</td><td>UC1453_3</td><td>Promover y mantener canales de comunicación en el entorno de intervención, incorporando la perspectiva de género</td><td rowspan="5">• 37141017 Promotor/a de igualdad de oportunidades entre mujeres y hombres
• Técnico/a de apoyo en materia de igualdad efectiva de mujeres hombres
• Promotor/a para la igualdad efectiva de mujeres y hombres
• 37131041 Promotores de igualdad de oportunidades, en general</td></tr>
<tr><td>UC1454_3</td><td>Favorecer la participación de las mujeres y la creación de redes estables que, desde la perspectiva de género, impulsen el cambio de actitudes en la sociedad y el «empoderamiento» de las mujeres</td></tr>
<tr><td>UC1582_3</td><td>Detectar e informar a organizaciones, empresas, mujeres y agentes del entorno de intervención sobre relaciones laborales y la creación, acceso y permanencia del empleo en condiciones de igualdad efectiva de mujeres y hombres</td></tr>
<tr><td>UC1583_3</td><td>Participar en la detección, análisis, implementación y evaluación de proyectos para la igualdad efectiva de mujeres y hombres</td></tr>
<tr><td>UC1584_3</td><td>Detectar, prevenir y acompañar en el proceso de atención a situaciones de violencia ejercida contra las mujeres</td></tr>
</table>

Correspondencia con el Catálogo Modular de Formación Profesional		
Módulos certificado	Unidades formativas	Horas
MF1453_3: Comunicación con perspectiva de género	UF2683: Aplicación de conceptos básicos de la teoría de género y del lenguaje no sexista	60
	UF2684: Procesos de comunicación con perspectiva de género en el entorno de intervención	80
MF1454_3: Participación y creación de redes con perspectiva de género	UF2683: Aplicación de conceptos básicos de la teoría de género y del lenguaje no sexista	60
	UF2685: Procesos de participación de mujeres y hombres y creación de redes para el impulso de la igualdad	70
MF1582_3: Promoción para la igualdad efectiva de mujeres y hombres en materia de empleo	UF2683: Aplicación de conceptos básicos de la teoría de género y del lenguaje no sexista	60
	UF2686: Análisis del entorno laboral y gestión de relaciones laborales desde la perspectiva de género	90
MF1583_3: Acciones para la igualdad efectiva de mujeres y hombres	UF2683: Aplicación de conceptos básicos de la teoría de género y del lenguaje no sexista	60
	UF2687: Análisis y actuaciones en diferentes contextos de intervención (salud y sexualidad, educación, ocio, deporte, conciliación de la vida personal, familiar y laboral, movilidad y urbanismo y gestión de tiempos)	80
MF1584_3: Detección, prevención y acompañamiento en situaciones de violencia contra las mujeres	UF2683: Aplicación de conceptos básicos de la teoría de género y del lenguaje no sexista	60
	UF2688: Análisis y detección de la violencia de género y los procesos de atención a mujeres en situaciones de violencia	70
MP0561: Módulo de prácticas profesionales no laborales		120

Índice

Capítulo 3
Estructuras de apoyo para la participación en el entorno de intervención

Capítulo 4
Establecimiento de estrategias de sensibilización e impulso del empoderamiento femenino

Capítulo 1

Mecanismos de colaboración para mejorar la participación de las mujeres en el ámbito público

Contenido

1. Introducción

Intervenir desde un enfoque de género en el desarrollo del diseño de proyectos participativos implica reconocer y considerar las diferencias en las condiciones de vida, las situaciones y posiciones sociales, económicas y culturales y las necesidades de mujeres y hombres en todas las fases de la intervención.

Por eso es de vital importancia detectar y gestionar las necesidades de participación en el entorno de intervención. Aunque han sido muchos los avances en igualdad de oportunidades e igualdad de género, aún queda mucho por hacer, en espacios tan relevantes como los que trata este capítulo, es decir, los espacios de participación política, económica y social.

El recorrido que las mujeres han hecho del ámbito privado, el trabajo doméstico y la atención a hijos/as y personas dependientes, al ámbito público y del empleo remunerado fuera del hogar, no ha sido el mismo que han realizado los hombres.

En este sentido es fundamental que desde las administraciones públicas y las asociaciones y entidades sociales se establezcan mecanismos, programas y servicios que faciliten la participación de todas las personas y en especial de las mujeres, partiendo siempre de un diagnóstico participativo previo y con la utilización de metodologías participativas.

Sin duda, mecanismos como los consejos locales de participación, los consejos locales de las mujeres, estrategias como el *mainstreaming* de género, la puesta en práctica de acciones positivas y el manejo de indicadores de género y de mecanismos de seguimiento del trabajo que se realiza con los agentes del entorno ayudarán en gran medida a que ese recorrido sea igualitario y equitativo para todas las personas independientemente de su sexo.

2. Intervención en el desarrollo del diseño de proyectos participativos

En los proyectos participativos se parte del diagnóstico de una situación de la cual el grupo tiene conocimiento, teniendo en cuenta así el contexto determinado en el que se va a desarrollar.

Suponen una oportunidad para que el grupo desarrolle y mejore la capacidad de análisis, de organización, de propuesta y gestión de proyectos de interés colectivo.

Su éxito depende del grado de organización de los beneficiarios, de la flexibilidad de la entidad que lo desarrolle, de la disponibilidad de sus participantes (personal técnico, voluntarios, etc.), que tendrán que modificar ciertas actitudes y métodos de trabajo.

Diseñar e implementar un proyecto participativo tiene una serie de **ventajas, que según Frans Geilfus (2009), son las siguientes:**

- Permite a la comunidad identificar y apoderarse del proceso de identificar, analizar y solucionar sus problemas.
- La población local puede analizar por sí misma los resultados y tomar decisiones.
- Permite organizar a las personas alrededor de los temas que consideren relevantes para su propio desarrollo.
- Desarrollar interacciones más estrechas y positivas entre la comunidad y el personal técnico, a través de todo el proceso participativo, desde el diagnóstico hasta la evaluación.
- Permite de una forma más rápida y económica identificar y priorizar problemas, así como tomar decisiones y buscar soluciones.
- Permite a las instituciones adaptar sus servicios a las necesidades reales de las personas y transferir progresivamente responsabilidades.

2.1. Técnicas/herramientas participativas

En el desarrollo de proyectos participativos es fundamental la utilización de herramientas o técnicas participativas, que se estudiarán con más detalle en el apartado cuatro de este capítulo.

Generalmente se suelen utilizar de forma complementaria, ya que, el uso de una sola no es suficiente para asegurar un proceso participativo, dependiendo de las necesidades y realidades del contexto en el que se lleve a cabo el proyecto y la entidad que lo desarrolle.

Se fundamentan en el diálogo, pues todos los participantes deben ser considerados como fuente de información y decisión para analizar los problemas y contribuir a las soluciones.

Su utilización dependerá de las diferentes etapas del proyecto participativo. En la fase de diagnóstico serán útiles para consensuar con las personas destinarias, los problemas que les afectan y las causas. En esta fase es muy importante tener en cuenta los aspectos de género. Por ejemplo, habrá que tener en cuenta si se ha buscado información relevante sobre la situación de hombres y mujeres, en relación con el ámbito de actuación que contempla el proyecto.

En la fase de planificación de las actuaciones, es fundamental utilizar herramientas que permitan asegurar la participación de todos los actores implicados. En este sentido sería oportuno preguntarse a quiénes van dirigidos los objetivos planteados y si se espera que beneficie tanto a hombres como mujeres, o si se han diseñado estrategias que aseguren la participación de las mujeres y los hombres en función de las necesidades de género.

En la fase de implementación y seguimiento, las herramientas deben permitir realizar los ajustes necesarios. En esta fase se deberán tener presente cuestiones como si se ha tenido en cuenta que exista una presencia equilibrada de mujeres y hombres en el equipo de trabajo, si en ese equipo hay personal con conocimientos de género o si se involucra por igual a mujeres y a hombres en las actividades de seguimiento.

Finalmente en la fase de evaluación, las herramientas deben permitir medir, comparar y analizar si lo planificado se cumplió en los tiempos y formas previstos.

Intervenir desde un enfoque de género en el desarrollo del diseño de proyectos participativos implica reconocer y considerar las diferencias en las condiciones de vida, las situaciones y posiciones sociales, económicas y culturales y las necesidades de mujeres y hombres en todas las fases de la intervención.

Se trata en definitiva de promover un cambio en la distribución de poderes, apostando por una estrategia que transforme la realidad, logrando una relación entre géneros equitativa, y así contribuir a mejorar la sociedad.

Actividades

1. ¿Cuáles son las fases o etapas de un proyecto participativo?

3. Detección y gestión de las necesidades de participación en el entorno de intervención

La participación es una necesidad psicológica de los seres humanos, porque a través de ella se pueden compartir ideas y opiniones, expresar los deseos propios, tomar decisiones, ayudar a los demás, contribuir a solucionar problemas, etc.

Es una forma de colaboración para lograr conseguir hacerse oír y lograr por ejemplo, que construyan un comedor infantil o se pongan en marcha programas que favorezcan la participación de las mujeres en el ámbito político, económico y social del municipio.

Al igual que la ciudadanía debe comprender que a través de su participación se puede hacer llegar las necesidades y demandas, la Administración Pública debe entender que la participación ciudadana debe tenerse en cuenta en todo el proceso participativo: identificación de las necesidades, formulación, ejecución, seguimiento y evaluación.

Aquellas administraciones y entidades que apuesten por que su ciudadanía participe de los asuntos públicos, ganarán en credibilidad, gobernabilidad y legitimidad.

Importante

Los procesos de participación son, por tanto, una combinación de tres variables: disposición a, cauces y conocimientos y capacidades.

3.1. Necesidades de participación en el ámbito público

En primer lugar, habrá que preguntarse, antes de establecer estrategias y mecanismos que den respuestas a las necesidades que presentan la población, que es lo que hacen que participen o qué factores parecen determinantes en su participación.

Según el Colectivo loé (2003): *las necesidades sociales y ciudadanas no son puros hechos empíricos, siempre van a depender de la percepción que cada persona tenga de la realidad y a su vez, influirá lo que la sociedad tiende a establecer como deseable, es decir, como necesario.*

La mejor forma de dar respuesta a las necesidades de participación de la ciudadanía, según este Colectivo, es partiendo del conocimiento y comprensión de lo que adolecen y reivindican.

Se distinguen tres áreas para definir las necesidades de participación en el ámbito público:

1. **Política:** cómo percibe la ciudadanía el trabajo que realizan las administraciones públicas. Actualmente hay un sentir general de que las administraciones están desempeñando un trabajo institucional para conseguir cubrir las necesidades y expectativas en este ámbito.
2. **Administrativa:** es necesario una nueva forma de relacionarse con la Administración, puesto que los problemas van cambiando, se necesita de soluciones nuevas que contemplen tanto a las diferentes administraciones como a los agentes sociales y económicos.
3. **Social:** las personas quieren decidir por sí mismas, ser autónomas, para lo que se necesita información y formación. Es preciso conocer qué áreas son más importantes en la participación, y cómo y quién decide qué es lo importante.

Una aportación interesante para conocer y gestionar necesidades es la clasificación que proponen los autores Max Neef, Elizalde y Hopenhayn (1986), en la que dividen las necesidades en existenciales y axiológicas.

Nec. categorías axiológicas	Necesidades según categorías existenciales			
	SER	TENER	HACER	RELACIONES / ESTAR
SUBSISTENCIA	1 - Salud física, salud mental, sentido del humor.	2 - Alimentos, cobijo, trabajo.	3 - Alimentarse, procrear, descansar, trabajar.	4 - Entorno vital, marco social.
PROTECCIÓN	5 - Adaptabilidad, autonomía, equilibrio.	6 - Sistemas de seguros, seguridad social, sistemas sanitarios, familia, trabajo.	7 - Cooperar, prevenir, planificar, ayudar.	8 - Espacio vital, entorno social, vivienda.
AFECTO	9 - Autoestima, generosidad, pasión, sensualidad, humor, solidaridad.	10 - Amistades, relaciones familiares, relaciones con la naturaleza.	11 - Hacer el amor, acariciar, expresar emociones, compartir, apreciar.	12 - Vida privada, intimidad, hogar, espacios de unión entre personas.
COMPRENSIÓN	13 - Conciencia crítica, receptividad, curiosidad, disciplina, intuición.	14 - Literatura, maestros, métodos, políticas educativas, políticas de comunicación.	15 - Investigar, estudiar, experimentar, educar, analizar, meditar.	16 - Marcos de interacción formativa, escuelas, universidades, grupos, comunidades, familia.
PARTICIPACIÓN	17 - Adaptabilidad, solidaridad, dedicación, respeto, pasión, sentido del humor.	18 - Derechos, responsabilidades, deberes, privilegios, trabajo.	19 - Afiliarse, proponer, compartir, disentir, obedecer, relacionarse, estar de acuerdo, expresar opiniones.	20 - Marcos de relaciones participativas, partidos, asociaciones, iglesias, barrio, familia.
CREACIÓN	21 - Pasión, decisión, intuición, imaginación, racionalidad, autonomía, curiosidad.	22 - Habilidades, oficios, método, trabajo.	23 - Trabajar, inventar, construir, diseñar, componer, interpretar.	24 - Marcos productivos de información, seminarios, grupos culturales, espacios para la expresión.
RECREO, OCIO	25 - Curiosidad, sentido del humor, receptividad, imaginación, tranquilidad, sensualidad.	26 - Juegos, espectáculos, clubes, fiestas, paz mental.	27 - Divagar, abstraerse, soñar, añorar, fantasear, evocar, relajarse, divertirse, jugar.	28 - Privacidad, intimidad, espacios de encuentro, tiempo libre, ambientes, paisajes.
IDENTIDAD	29 - Sentimiento de pertenencia, consistencia, diferenciación, autoestima.	30 - Símbolos, lenguaje, religión, hábitos, costumbres, grupos de referencia, sexualidad, valores, normas, memoria histórica, trabajo.	31 - Comprometerse, integrarse, enfrentarse, decidir, conocerse a uno mismo, realizarse, crecer.	32 - Ritmos sociales, marcos de la vida diaria, ámbitos de pertenencia.
LIBERTAD	33 - Autonomía, autoestima, decisión, pasión, afirmación, amplitud de miras, audacia, rebeldía.	34 - Igualdad de derechos.	35 - Discrepar, ser diferente de, asumir riesgos, desarrollar consciencia, comprometerse, desobedecer.	36 - Plasticidad espacio temporal.

Matriz de necesidades de Max Neef

Por otro lado, según los intereses y características de los participantes, se detectarán diferentes necesidades de participación. Se distinguen tres tipos: personas, asociaciones y entidades, reflejados en el siguiente esquema.

PERSONAS	ASOCIACIONES	ENTIDADES

- Compartir premios y reconocimientos - Intervenir con más responsabilidad - Generar confianza y seguridad - Enfrentarse a los problemas de forma menos angustiosa - Disminuir la tensión a la hora de trabajar	- Fortalecer un clima favorable de trabajo - Fomentar la comunicación entre las personas - Fomentar el conocimiento de otras personas con intereses y/o experiencias comunes - Animar a participar a las personas en el desarrolllo de su comunidad	- Generar capital social - Mejorar el bienestar de colectivos y comunidades - Sensibilizar a la ciudadanía hacia una mayor solidaridad colectiva - Crear redes de solidaridad - Contribuir a la organización de una sociedad más activa y con conciencia crítica

3.2. Participación de las mujeres en los ámbitos político, económico y social

La sociedad debe ser igualitaria y equilibrada y debe permitir recoger las demandas de la ciudadanía. Por eso no se puede limitar la autonomía de las personas y conformar sociedades asimétricas en detrimento de un género u otro.

El empoderamiento de las mujeres pasa por todas las áreas, educación, empleo, fortalecimiento personal, cultura, asociacionismo, etc., pero probablemente las áreas referidas a la política, economía y social son las más difíciles de modificar con relación a la equidad de género, pues depende de la sensibilidad y voluntad política de las personas dirigentes de las formaciones políticas.

El poder legislativo y ejecutivo sigue siendo hoy en día de más difícil acceso para las mujeres que para los hombres y aunque ha ido en aumento en estos últimos años, es necesario seguir avanzando en este ámbito.

La composición de los gobiernos es muy variada, pero en líneas generales, la representación masculina es mayor que la femenina.

A nivel municipal se encuentra una desigual distribución según el sexo, los grupos de alcaldes/as suelen estar representados por hombres, y las concejalías, donde las mujeres están mejor representadas.

Sabía que...

Según los datos publicados por el Instituto Nacional de Estadística, en 2023 el parlamento autonómico de Cantabria estaba formado por el 40 % de mujeres.

En el poder judicial sigue habiendo notables desequilibrios, a pesar de la masiva presencia de mujeres entre el alumnado de las facultades de Derecho. Un ejemplo es que de las diecisiete presidencias de los Tribunales Superiores de Justicia Autonómicos, solo la presidencia del Tribunal Superior de Justicia de la Comunidad Valenciana y la de la Comunidad de Extremadura están ocupadas por mujeres.

En referencia a la investigación, las mujeres siguen estando infrarrepresentadas, ya que representan un 40,8 % del total de personas empleadas en I+D.

Por otro lado, está también la representación de mujeres y hombres en el personal directivo de los medios de comunicación, un sector que sigue estando masculinizado, especialmente en radios y diarios.

Hay también otros ámbitos de ejercicio de responsabilidad donde la presencia de las mujeres ha disminuido en 2023. Es el caso de los órganos superiores y altos cargos de la Administración General del Estado, donde el porcentaje de mujeres se sitúa en un 41,8 %.

La participación económica de las mujeres es fundamental para el desarrollo de los países y para una gestión más eficiente del conocimiento y de los recursos, pero aún siguen encontrándose diferencias significativas entre hombres y mujeres en este ámbito.

Sabía que...

La evolución de la presencia femenina en los consejos de administración de las empresas del Ibex-35 ha sido importante entre los años 2013 y 2023, pasando del 14,3 % al 37,3 %.

En el sector del voluntariado sin embargo se invierten las cifras de participación, siendo mayoritaria la presencia de mujeres. El movimiento asociativo es un instrumento de integración social y participación de la ciudadanía en los asuntos públicos, y que permite transformar la sociedad consiguiendo llegar a personas y lugares donde los poderes públicos no llegan.

Otro de los espacios donde se encuentra limitada la representación de las mujeres es en el deporte, por ejemplo: las modalidades deportivas practicadas por mujeres son menos difundidas en los medios de comunicación, la presencia de la mujer en la dirección, organización y gestión del deporte es escasa y la consideración social de los deportes practicados por mujeres dista considerablemente de tener el valor de los practicados por hombres.

Ante esta realidad se están aplicando estrategias para permitir avanzar hacia una participación equilibrada de mujeres y hombres en los diferentes ámbitos de decisión política, económica y social.

El objetivo es dar respuestas a las necesidades de participación de hombres y mujeres en esos ámbitos.

El III Plan Estratégico para la Igualdad Efectiva de Mujeres y Hombres 2022-2025 (PEIEMH) está estructurado en cuatro ejes de intervención que cuentan a su vez con varias líneas de trabajo y con sus objetivos específicos correspondientes. El fomento de la participación activa de las mujeres se trata en algunas de las líneas de actuación de los ejes 1 y 4.

El eje 1 "Buen gobierno: hacia formas de hacer y decidir más inclusivas" tiene como objetivo estratégico conseguir un modelo de gobierno inclusivo y democrático, en el que se garantice la participación activa de las mujeres y en el que las desigualdades entre ambos sexos no estén contempladas en sus políticas públicas. Para la consecución de este objetivo, el plan desarrolla cuatro líneas de trabajo en este eje, de las que una de ellas está encaminada a conseguir la participación activa de las mujeres en el proceso de elaboración de dichas políticas. Esta línea de trabajo incluye un objetivo específico y cuatro objetivos operativos:

Línea BG.4. Participación e incidencia: haciendo presente la voz de las mujeres y el movimiento feminista en el diseño, implementación, seguimiento y evaluación de las políticas públicas.

- *BG.4.1. Promover la participación y la inclusión de la voz, las necesidades y las propuestas de las mujeres, organizadas o no, y del movimiento feminista en los espacios y acciones públicas, junto a otros agentes sociales y sindicales que luchan por la igualdad.*
  - *BG.4.1.1. Promover procesos y metodologías de trabajo participativas que mejoren la calidad del trabajo conjunto que se realiza entre el Consejo de Participación de la Mujer y el Ministerio de Igualdad.*
  - *BG.4.1.2. Impulsar la creación de espacios de encuentro y procesos de trabajo que promuevan la coproducción de conocimiento y su concreción en políticas públicas mediante el debate, el intercambio de experiencias y la puesta en marcha de iniciativas conjuntas entre la AGE, la academia, el movimiento feminista y organizado de mujeres, y de las mujeres, en general.*
  - *BG.4.1.3. Incorporar la perspectiva de género en los espacios de participación y consulta de la AGE, desde una perspectiva intercultural e interseccional, y que contribuya a la promoción de una ciudadanía no sexista.*

Nota

Esta línea de trabajo del eje de intervención 1 está vinculada con los artículos 14.4 y 78 de la Ley Orgánica 3/2007, de 22 de marzo (LOIEMH) y con el Real Decreto 1791/2009, de 20 de noviembre, por el que se regula el régimen de funcionamiento, competencias y composición del Consejo de Participación de la Mujer.

El eje 4 "Un país con derechos efectivos para todas las mujeres" persigue el objetivo estratégico de lograr el ejercicio efectivo de los derechos de las mujeres. Para ello define siete líneas de trabajo desarrollando en la primera de ellas actuaciones tendentes a la consolidación de la participación de las mujeres. Esta línea de trabajo cuenta con tres objetivos específicos y siete operativos:

Línea DEM.1. Redes, prácticas y alianzas feministas: reforzando la participación de las mujeres, y transformando el mandato de la masculinidad hegemónica.

- *DEM 1.1. Mejorar el conocimiento y reconocimiento de la participación política y social de las mujeres identificando los obstáculos que impiden una participación igualitaria desde una perspectiva interseccional de género.*
    - *DEM.1.1.1. Impulsar estudios feministas en cooperación con organizaciones de mujeres y feministas y mujeres, en general, con agentes sociales y otras organizaciones especializadas.*
    - *DEM.1.1.2. Promover el conocimiento feminista sobre redes, prácticas y alianzas feministas referenciales para el impulso de la participación sociopolítica de las mujeres.*
- *DEM.1.2. Reforzar la participación política y social de las mujeres, especialmente la de las mujeres en situación de especial vulnerabilidad.*
    - *DEM.1.2.1. Promover la igualdad mediante el tejido asociativo, sindical y político de las mujeres.*
    - *DEM.1.2.2. Fortalecer el movimiento feminista y asociativo de mujeres por la igualdad y su trabajo en red.*

- *DEM.1.2.3. Impulsar medidas para reducir las brechas digitales de género, especialmente en los grupos de más edad y en aquellos con dificultades específicas.*

- *DEM 1.3. Impulsar políticas específicas dirigidas a transformar el mandato de la masculinidad hegemónica.*
    - *DEM.1.3.1. Apoyar la creación y fortalecimiento de redes de hombres comprometidos con la igualdad de género.*
    - *DEM.1.3.2. Impulsar actuaciones que promuevan la reflexión sobre el mandato de la masculinidad y su impacto sobre las mujeres, los hombres y la sociedad en general.*

En el PEIEMH cada objetivo operativo cuenta con una serie de medidas para su consecución. Por ejemplo, para alcanzar el objetivo operativo BG.4.1.1., las medidas que hay que adoptar son las siguientes:

BG.4.1.1. Promover procesos y metodologías de trabajo participativas que mejoren la calidad del trabajo conjunto que se realiza entre el Consejo de Participación de la Mujer y el Ministerio de Igualdad.

Medidas:

- *133. Fortalecimiento del Consejo de Participación de la Mujer mediante metodologías de trabajo que faciliten una interlocución fluida y continua con el Gobierno.*

- *134. Refuerzo de la eficacia y mecanismo de trabajo y participación del CPM impulsando una propuesta de organización interna y procedimientos con el InMujeres.*

3.3. Estrategias y mecanismos de participación ciudadana

Como se acaba de ver, se podrán encontrar una gran variedad de necesidades a la hora de participar, por eso es muy importante realizar previamente un **diagnóstico participativo** que permita compaginar los tiempos de la Administración Pública y la disponibilidad y expectativas de la ciudadanía.

Este diagnóstico va a permitir también trabajar por el empoderamiento de los sectores más desfavorecidos y/o con difícil acceso a los cauces de participación.

Algunas fórmulas a emplear para realizar el diagnóstico y que se verán con más detalle en el siguiente epígrafe son las siguientes:

- Cuestionarios individuales
- Foros de debate virtual
- Grupos de trabajo
- Grupos de discusión

Para detectar y gestionar las necesidades de participación es preciso poner en marcha **procesos de participación ciudadana**, que contemplan varias fases:

a. **Fase de información:** en ella se divulga a la ciudadanía afectada la materia o proyecto sobre el que se va a basar la participación.
b. **Fase de debate ciudadano:** donde se promueve el diagnóstico, debate y propuestas de la ciudadanía.
c. **Fase de devolución:** en la que se transmite a las personas participantes y al conjunto de los ciudadanos y ciudadanas el resultado del proceso.
d. **Fase de ejecución:** se llevan a la práctica las actuaciones acordadas entre la ciudadanía y la administración pública.
e. **Fase de revisión:** a través de la cual se pueden reformular objetivos y/o actuaciones previstas.
f. **Fase de evaluación:** en la que se valora el grado de cumplimiento acordado previamente.

Importante

Generalmente cuando se hace referencia a la Administración Pública, se situará a nivel local o municipal, ya que, por su cercanía y proximidad, son las que suelen realizar los procesos participativos con la ciudadanía.

La mejor forma de dar respuestas a las necesidades de participación de la ciudadanía es a través de la puesta en marcha de un **Plan Municipal de Participación,** en el que se detallen con qué herramientas se cuentan para fomentar la participación, cuál es la realidad asociativa, principales centros de interés de la población, idiosincrasia de la comunidad, etc.

Dicho plan debe partir de un diagnóstico de necesidades de la comunidad, que se basa en un aprendizaje colectivo, en el que todos y todas aprenderán y se enriquecerán con la experiencia y conocimientos propios y ajenos, y a través de él se podrán identificar los mecanismos y procedimientos que ya existen para la participación.

Es preciso por tanto conocer las herramientas y mecanismos que ya existen en un municipio, lo que orientará sobre la política de participación ciudadana que se está llevando a cabo e informará de los recursos existentes.

A continuación, se describen algunos ejemplos de **mecanismos, órganos, programas y servicios que facilitan la participación** a toda la comunidad y que permiten detectar y gestionar las necesidades de participación de la población en general:

1. **Reglamento de Participación Ciudadana:** es un documento que sirve para facilitar y promover la participación ciudadana en la gestión municipal, estableciendo nuevos canales de comunicación e información con la misma. A través de este reglamento se regulan los derechos de participación de la ciudadanía, como son el derecho a la información, derecho de petición, derecho de audiencia, derecho a la iniciativa ciudadana, derecho a la consulta popular o referéndum, derecho de intervención en las sesiones públicas municipales, etc.
2. **Delegación Área/Unidad de Participación Ciudadana:** lleva a cabo un registro de las asociaciones y ONG del municipio, gestiona subvenciones y convenios y dinamiza la participación.
3. **Consejos Consultivos:** tratarán de impulsar la participación de sus colectivos y promover el asociacionismo en los sectores que operen. Dichos sectores son (Consejos Sectoriales) mayores, personas con discapacidad, voluntariado, infancia y adolescencia, prevención de drogodependencias,

y mujeres; por determinadas zonas o territorios del municipio (Consejos Territoriales) y el Consejo Municipal de Participación Ciudadana.

4. **Servicios de información, orientación y asesoramiento:** tratan de resolver las necesidades de la población a través de oficinas de información, campañas divulgativas, medios de comunicación social, etc.
5. **Oficinas de Atención Ciudadana:** se utilizan para proporcionar información general a la ciudadanía, en temas como información social, compulsas, registro de parejas de hecho, familia numerosa, etc. Realmente este instrumento sirve para proporcionar información y facilitar la comunicación entre administración y ciudadanía.
6. **Foros, plataformas, coordinadoras:** conformadas por diferentes personas y entidades y que pueden estar constituidas formalmente o no. Podrán tratar sobre diversos temas como discapacidad, intervención social, servicios públicos, etc. Debido a un sentimiento generalizado de desafección de la ciudadanía con los partidos políticos, están surgiendo en mayor número plataformas ciudadanas con el objeto de aunar voces por un fin común.
7. **Presupuestos participativos:** permite la participación de los ciudadanos y ciudadanas en la confección del presupuesto público municipal, sobre un área específica (infraestructuras, obras de reurbanización, políticas sociales, igualdad, etc.).
8. **Programas de cooperación social:** con estos programas lo que se pretende es impulsar y promover el asociacionismo y el voluntariado social con el fin de fomentar actividades grupales que ayuden a los y las integrantes de la comunidad a asumir sus problemas y busquen soluciones conjuntas. Por ejemplo, los grupos de autoayuda, los encuentros de jubilados, los movimientos sociales del entorno, etc.
9. **Reuniones de trabajo:** entre técnicos/as municipales con las diferentes organizaciones sociales existentes en el territorio. El objetivo de estas es exclusivamente dar y recoger información. Su duración no debe superar las dos horas.
10. **Servicios de ayuda a domicilio:** son los que proporcionan ayuda de carácter doméstica, psicológica, social, etc. Su fin es fomentar la autonomía personal y el alejamiento del entorno más cercano.
11. **Equipamientos de proximidad:** como pueden ser los centros cívicos, los centros de mayores, ludotecas, bibliotecas municipales, casas de la cultura, etc.

12. **Programas de convivencia y reinserción:** a través de los que se proporcionarán las condiciones idóneas para la convivencia, participación e integración a nivel individual, familiar y grupal en la vida social. Se pueden estructurar en programas de intervención en zonas de riesgo y exclusión social, programas de tratamiento familiar, programas de personas sin hogar, programas de prevención social con menores, programa de envejecimiento activo, programa de personas inmigrantes, etc.
13. **Representación ciudadana en los Consejos de Dirección de las EEPP y Organismo Autónomos Locales:** esta representación está dirigida a favorecer la participación y control de la ciudadanía en la gestión de los asuntos públicos.
14. **Planes estratégicos:** son un conjunto de acciones que pretenden un objetivo estable, dentro de un plan de acción organizado y adaptable al medio en el que se ejecuta. Implica a todos los agentes del territorio, tanto a entidades como a personas a título individual.

Nota

Los consejos consultivos pueden estar compuestos por el consejo municipal de participación ciudadana, los consejos territoriales (engloban a determinadas zonas o territorios del municipio) y/o los consejos sectoriales (se agrupan en áreas o sectores importantes: juventud, medioambiente, mujer, etc.).

Aunque todas estas medidas facilitan la participación de la ciudadanía en los asuntos públicos, es necesario avanzar más y mejor, buscando una democracia más participativa. Es necesario potenciar la creación de redes formales e informales para favorecer la participación, la solidaridad social, los canales de información y la capacidad de dar respuestas a las cuestiones relacionadas con las necesidades, demandas e intereses de la ciudadanía.

Actividades

2. Acceda a la página web de su ayuntamiento y busque información relativa a la composición del pleno y del gobierno. ¿Cómo es la proporción de mujeres y hombres?
3. Según el Colectivo Ioé, ¿de qué depende las necesidades de las ciudadanas y ciudadanos?
4. ¿Por qué es importante apoyar técnica, económica y socialmente al movimiento asociativo de mujeres? ¿Cómo se puede realizar?
5. ¿Conoce si su ayuntamiento dispone de un reglamento de participación ciudadana? Si no es así, busque en otro ayuntamiento y realice una lectura del mismo.

Aplicación práctica

Desde el área de Igualdad de la Diputación Provincial se va a poner en marcha un proyecto para el impulso de la participación de las mujeres de la zona rural en el ámbito político de su territorio.

¿Cómo enfocaría el proyecto de forma que se den respuestas a las necesidades de participación de la población destinataria?

SOLUCIÓN

En primer lugar se realizaría un diagnóstico de la situación de las mujeres y los hombres en cuanto a su presencia en los puestos de representación y decisión política:

- ¿Cuántas mujeres son alcaldesas de su pueblo?
- ¿Cuántas mujeres y hombres son concejales?

En ese diagnóstico sería también importante reflejar los mecanismos y herramientas ya puestas en marcha por los ayuntamientos.

Dos de las principales técnicas que se utilizarían serían los cuestionarios individuales y los grupos de trabajo, de forma que se fuera trabajando la sensibilización en esta área.

Una vez analizada la situación de partida y en base a las necesidades y demandas manifestadas, se podrían llevar a cabo una serie de actuaciones como por ejemplo:

Continúa en página siguiente >>

<< Viene de página anterior

- Se crearía un grupo de trabajo en el que estuvieran representados tanto los hombres como las mujeres alcaldes/as de la zona de actuación.
- Se llevarían a cabo acciones de sensibilización, a través de las asociaciones de mujeres de la zona, y con la colaboración de los institutos de educación secundaria y asociaciones juveniles, con el objetivo de animar a la juventud a participar en este ámbito.
- Se realizaría una jornada o encuentro formativo en el que se analizará la importancia de las mujeres en el ámbito político, invitando a mujeres referentes de la zona, no solo del ámbito político, sino también del ámbito empresarial, educativo, social, etc.
- Se pondría en marcha la creación de un consejo local de participación de las mujeres, donde estuvieran representadas tanto las mujeres de la zona rural como de la zona urbana.

---

4. Manejo de metodologías participativas

Las metodologías participativas deben ser sencillas e interesantes, debiendo tener en cuenta la escasa disponibilidad de tiempo del que disponen tanto la ciudadanía como la administración pública.

El fin no es otro que los grupos y colectivos recuperen y analicen su experiencia colectiva para reconocer, con un sentido crítico, los aciertos y errores, los obstáculos y potencialidades que existen para transformar y mejorar su realidad.

Pero no solo basta el análisis, también es necesario a partir de él, reelaborar los objetivos de la acción colectiva, revisar y adecuar los métodos y técnicas de actuación y así poder dar respuesta a las necesidades e intereses del grupo social.

Aunque los procesos participativos son todos diferentes, es interesante tener una guía/modelo a través del que se van a ir aplicando diferentes metodologías participativas.

A continuación, se desarrolla brevemente un modelo y algunas de las metodologías participativas que ayudan a lograr el fin anteriormente descrito, extraído del Manual de Metodologías Participativas, elaborado por el Observatorio Internacional de Ciudadanía y Medio Ambiente Sostenible:

a. En el punto de partida es necesario realizar una autoreflexión y autocrítica, es decir, preguntarse por qué se quiere participar, para qué y para quién. En la comunidad no todas las personas sienten como tal los mismos problemas y no todas las personas expresan las mismas necesidades e intereses. Habrá que preguntarse si el tema delimitado responde a una necesidad sentida por la comunidad o por la Administración. Técnicas como el **juego de roles, árbol de problemas o un DAFO** pueden facilitar esta tarea.
b. Los primeros contactos sirven para evaluar el problema y diseñar de una forma participativa el proceso. A través de **cuestionarios, sociograma, entrevistas a asociaciones, talleres,** se promueve un espacio donde las personas se sientan a gusto y protagonistas. En esta fase es preciso elaborar ya un plan de trabajo y crear una comisión de seguimiento del proyecto, así como preguntar a personas expertas que orienten sobre las cuestiones más importantes que no se deben olvidar en el proceso.
c. En el trabajo de campo es fundamental escuchar a las personas. Al igual que en el punto anterior, es importante realizar entrevistas a las demás personas que forman las asociaciones, colectivos, instituciones, etc., además de a sus referentes o líderes. También es preciso realizar **talleres colectivos, fórums o mesas temáticas y los grupos de discusión** en los que se puedan analizar las principales necesidades, aportaciones y contradicciones respecto del tema tratado.
d. Superar el diagnóstico significa analizar la información obtenida y devolver los resultados, provocando la reflexión de los y las participantes. En esta fase se parte ya de un conocimiento previo de la realidad, por lo que se trata ahora de profundizar en las razones y causas de los problemas y proponer soluciones creativas y transformadoras. Una herramienta que puede facilitar un intercambio rápido y eficaz de propuestas son los **foros de debate virtual y asambleas participativas.**
e. En la organización de propuestas, se programan las acciones integrales y sustentables. A través de **talleres** creativos con los diferentes agentes

sociales e institucionales se construyen las propuestas y los recursos necesarios.

f. Finalmente en la puesta en marcha, se elabora un cronograma orientado a la acción, con los recursos y responsables de la ejecución, seguimiento y evaluación.

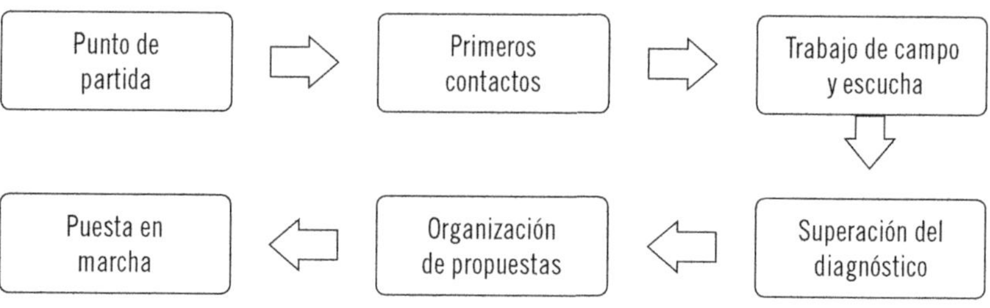

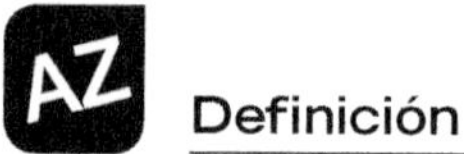

Definición

Sustentable

Significa que se sustenta o se puede defender con argumentos. Acciones sustentables son aquellas que permiten satisfacer las necesidades actuales sin comprometer las posibilidades de las generaciones futuras.

4.1. Metodologías participativas

Una vez analizado el proceso a través del cual se aplican las metodologías participativas a un contexto determinado, se pasa a detallar brevemente cada una de ellas.

Juego de roles

El objetivo del juego de roles es analizar las diferentes actitudes y reacciones de las personas frente a situaciones o hechos concretos.

Árbol de problemas

El árbol de problemas se utiliza para identificar los síntomas que dan cuenta de un problema, relacionándolos con las causas inmediatas y profundas del mismo. Por ejemplo, el problema central es el desencuentro entre vecinos/as e inmigrantes, que se hace visible a través de las frutas del árbol (uso de espacios públicos, aparición de guetos, el ruido, etc.). Las causas inmediatas se sitúan en las ramas, como pueden ser el choque cultural, la desinformación, la necesidad de relación, etc. Y finalmente las causas profundas, aparecen en las raíces (falta de políticas adecuadas, recursos insuficientes, etc.).

Análisis DAFO

Es una matriz a partir de la cual se define y contextualiza una situación problemática en un contexto determinado. Los cuatro aspectos clave sobre los que basar el análisis son:

- **Debilidades:** los aspectos negativos internos.
- **Amenazas:** los aspectos negativos externos, que reconocidas a tiempo, pueden esquivarse o ser convertidas en oportunidades.
- **Fortalezas:** aspectos de éxito internos.
- **Oportunidades:** aspectos de éxito externos, que se deben descubrir en el entorno en el que se actúa.

Cuestionarios/encuestas de satisfacción

Tienen la finalidad de conocer el grado de satisfacción de un público objetivo ante un servicio ofrecido por la Administración, valorando así la gestión realizada.

Algunos ejemplos de preguntas pueden ser:

1. Señalar con una cruz los principales instrumentos normativos disponibles en su Corporación Local para regular la participación ciudadana: Reglamento de Participación Ciudadana, Consejos Sectoriales, Oficina del Defensor de la Ciudadanía, normas reguladoras de subvenciones generales, reglamento orgánico municipal, otros instrumentos.

2. Indicar los medios utilizados en los últimos años por su Ayuntamiento para difundir y recoger información: tablones de anuncios, carteles, vallas publicitarias, campañas de información, folletos, etc., bandos, revistas, boletines, prensa, radios locales, consultas populares, encuestas, sondeos de opinión, referéndum, debates, asambleas, reuniones y otros.

Sociograma

El sociograma o mapa de relaciones permite reflejar las relaciones existentes entre las personas, grupos y sectores organizados o no organizados. A través de esta técnica se observa y evalúa el contexto, mostrando los vínculos sociales dentro de los grupos que lo conforman.

Se establecen varios niveles en cuanto a los actores locales: actores con poder simbólico o de convocatoria (instituciones públicas, medios de comunicación de masas, etc.), actores sociales organizados y locales (asociaciones de mujeres, vecinales, juveniles, plataformas, redes de solidaridad, de economía, medios de comunicación locales, ONG, etc.) y sectores de la población no organizados (hombres, mujeres, jóvenes, minorías étnicas, etc.). Una vez situados, se definen las relaciones entre ellos en términos de relación dinámica (de dependencia o colaboración), frágiles (aislamiento, temporalidad, etc.), de conflicto, sin relación, etc.

Entrevistas

Las entrevistas siempre deben tener un guía en la que se establezca los objetivos y los contenidos a tratar. Aunque su éxito radica en la capacidad de la persona entrevistadora, se enumeran algunos consejos para su diseño y realización:

- Garantizar el anonimato de lo que vaya a decir la persona o grupo de personas.
- La duración debe ser en torno a una hora.
- No expresar las opiniones o juicios sobre lo que se diga en ella.
- Es recomendable el uso de una grabadora o vídeo.
- Es preferible que sean dos personas las que la realicen, una que guie la entrevista y otra para tomar nota y recordar aspectos claves de la misma.

- Dirigir lo menos posible, que los temas surjan de manera espontánea.
- Dejar para el final las preguntas relacionadas con las redes sociales.
- Realizar una recapitulación final con los temas de más fácil consenso y los objetivos.
- Mostrarse lo más asertivos y empáticos posibles, adoptando una actitud de escucha activa y cercanía.

Las entrevistas individuales se realizan a las personas referentes como responsables políticos, personal técnico y representantes de asociaciones y colectivos y las grupales (entre 5 y 9 personas) están más dirigidas a grupo de personas que no son representantes ni líderes.

Talleres

A través de dinámicas de trabajo en grupo se pueden obtener información muy útil y no tener que hacer así tantas entrevistas a posiciones bastantes parecidas entre sí.

Algunas técnicas pueden ser la **lluvia de ideas,** en la que se pone en común el conjunto de ideas o conocimientos que cada uno/a de los/as participantes tiene sobre un tema y colectivamente llegar a una síntesis, conclusiones o acuerdos comunes; el **Philips 6/6,** donde el objetivo es lograr en un tiempo corto las ideas de un grupo grande de participante, sobre un determinado tema, buscando la participación de todos.

Grupos de discusión

Son una conversación cuidadosamente planeada, planteada para obtener información de un tema de interés. Se realiza con aproximadamente siete a diez personas, guiadas por un moderador experto. Suelen revelar normas sociales y opiniones compartidas.

En un grupo de discusión es fundamental que todos sus integrantes puedan tener contacto visual.

Foro de debate virtual

Es una discusión en línea en torno a un tema concreto, en el que se pretende originar un debate, dando la oportunidad a todas las personas de expresar sus puntos de vista sobre el tema. La generalización del uso de las nuevas tecnologías y de internet ha permitido a los ciudadanos y ciudadanas pasar de meros receptores de información a formar parte activa del proceso de generación de contenidos y transformación de la realidad.

Asambleas participativas/ciudadanas

Permiten crear espacios de participación en el que todos los actores sociales tengan la oportunidad de participar. Su papel puede ser consultivo o decisional. Se aconseja trabajar desde aportaciones personales en grupos pequeños en un principio y debatir después sobre ellas en un plenario.

Actividades

6. ¿Cuáles son los seis pasos de un proceso participativo?
7. ¿Conoce los actores locales de su municipio? Realice un sociograma de su contexto más cercano: (barriada, pueblo, etc.).

Aplicación práctica

Realice un análisis DAFO a partir de la descripción de la siguiente situación problemática: en una barriada situada en una zona deprimida de su localidad, han empezado a surgir problemas de convivencia y actitudes racistas entre la comunidad española y los colectivos de inmigrantes instalados en esa zona. Las asociaciones de inmigrantes han decidido organizar un debate para analizar la situación y encontrar posibles soluciones.

SOLUCIÓN (Posible solución)

A partir de un análisis DAFO se podrán extraer tanto los aspectos positivos de la situación como los factores de riesgo que pueden empeorarla.

En cuanto a las circunstancias internas se deberá tener en cuenta lo siguiente:

- Debilidades:
  - Actitudes racistas en las propias organizaciones sociales de la zona.
  - Desconocimiento del fenómeno de la inmigración.
- Fortalezas:
  - En la zona existen asociaciones con una larga trayectoria en temas de tolerancia y acción solidaria.
  - Existencia de un grupo de inmigrantes que llevan bastante tiempo asentados en la zona y están ejerciendo una labor positiva de mediación intercultural.

En referencia a los aspectos externos se encuentran:

- Amenazas:
  - Influencia de los medios de comunicación y redes sociales que pueden agravar el conflicto, transmitiendo información estereotipada sobre la población inmigrante.
  - Utilización política del conflicto por parte de los partidos locales.
- Oportunidades:
  - Utilización de las fiestas de la barriada como punto de encuentro y convivencia lúdica.
  - Realización en los centros escolares de la zona de programas de educación intercultural.

5. Diseño de protocolos y mecanismos de colaboración con el equipo experto en igualdad efectiva de mujeres y hombres y con el entorno para promover la participación

Como se ha visto anteriormente existen diversos mecanismos y herramientas que facilitan la participación de la ciudadanía en los asuntos públicos. Y en especial, se ha analizado cómo esa participación será más útil y eficaz en la medida que responda a las propias necesidades de las personas que participan.

A continuación, se van a analizar distintos protocolos y mecanismos para promover la participación y a su vez fomentar la igualdad efectiva entre mujeres y hombres.

5.1. Consejo Local de las Mujeres

El Consejo Local de las Mujeres es un órgano de representación de las mujeres, es un cauce de participación e interlocución de las asociaciones y colectivos de las mujeres con los poderes públicos.

Es un tipo de los consejos sectoriales que se han visto con anterioridad, que son una de las formas más comunes de estructurar el derecho a la participación ciudadana directa en los asuntos de interés público.

A continuación, se presenta un esquema de un **reglamento de funcionamiento interno de un consejo local de las mujeres.**

Título I: Naturaleza y Funciones

En este apartado se define al consejo como órgano complementario del Ayuntamiento, se establece su régimen jurídico, su ámbito de actuación y sus funciones, como por ejemplo: asesorar al municipio en relación con los diferentes programas y actuaciones que puedan desarrollarse en materia de igualdad de oportunidades y perspectiva de género, actuar como instancia de dinamización y seguimiento de los procesos participativos que puedan abrirse en relación a las políticas públicas locales en materia de igualdad de oportunidades, promover y fomentar el asociacionismo, la implicación ciudadana voluntaria y la cooperación entre entidades y gobierno local en materia de igualdad de oportunidades, ser un impulso de movilización de las mujeres, etc.

Título II: De las personas que integran el Consejo

En el título II debe quedar recogido quién compone el Consejo, así como la duración, designación y el cese de los cargos: Presidencia, Vicepresidencia primera, segunda y ciudadana (será elegida de las vocales representantes de las asociaciones ciudadanas que operen en materia de Mujer en el municipio), vocales y secretaria del Consejo.

Entre los representantes que participen en el Consejo se encuentran: el/la Alcalde/sa Presidente/a de la Corporación, Concejales/as con competencias atribuidas en materia de igualdad de oportunidades y de participación ciudadana, Vocales en representación de los grupos políticos con representación municipal, de asociaciones de mujeres, de entidades e instituciones representantes de colectivos desfavorecidos como la población gitana, inmigrantes, personas discapacitadas, etc., en representación de las organizaciones sindicales, de la Universidad, y de las asociaciones de vecinos.

Título III: Estructura y Organización del Consejo

El cual funcionará a través del Pleno, una comisión permanente y los grupos de trabajo que se creen para la realización o preparación de tareas concretas, o bien para el estudio de temáticas vinculadas al ámbito de competencia del Consejo.

5.2. Plan Municipal de Igualdad de Oportunidades

Un Plan Municipal o Local de Igualdad sirve para concretar la política local de igualdad, en un tiempo determinado.

Es un proceso de trabajo al que se le asignan una serie de recursos económicos y humanos para cambiar la realidad de desigualdad entre mujeres y hombres en ese municipio.

Debe venir precedido por un diagnóstico que defina la situación de hombres y mujeres, mediante una metodología participativa y en el que las medidas planteadas permitan dar respuestas a las necesidades detectadas desde la práctica institucional en materia de igualdad.

A continuación, se presentan una serie de cuestiones que debe contemplar un plan municipal de igualdad:

a. Índice y presentación.
b. Introducción.
c. Marco normativo.
d. Principios rectores: principio de igualdad, perspectiva de género, *mainstreaming* de género, empoderamiento de género, diversidad, innovación.
e. Ejes estratégicos de actuación, objetivos y medidas.
Se distinguen tres ejes transversales: género en las políticas públicas, enfoque territorial y de género de mujeres en el ámbito rural y de atención a la diversidad e inclusión social de las mujeres.
Y varios ejes estratégicos: educación y cultura, violencia de género, imagen y medios de comunicación, etc.
f. Cronograma.
g. Implantación.
h. Seguimiento y evaluación del Plan.
i. Presupuesto.

5.3. Red de asociaciones y entidades que promuevan la igualdad de oportunidades

El fin de crear esta red no es otro que crear un espacio, en el que todas las asociaciones que trabajen por la igualdad efectiva entre mujeres y hombres puedan intercambiar experiencias y conocimientos. La red debe ser un vehículo útil y una herramienta clave para llegar a la ciudadanía al facilitar nuevas vías de difusión y diálogo a nivel local, aunando acciones entre la sociedad civil y la Administración.

Se deben incluir en ella tanto asociaciones de mujeres, como asociaciones de hombres que promuevan la igualdad, y las instituciones y otros organismos implicados.

Dicha red debe servir para sensibilizar a la ciudadanía, en colaboración con las administraciones competentes, recibir formación, incrementar la participación de la ciudadanía, etc.

5.4. Plataforma e-Learning sobre igualdad de oportunidades

Hoy en día nadie duda de las utilidades y beneficios que proporcionan las nuevas tecnologías de la información y la comunicación. A través de plataformas *online* se puede acercar información y conocimientos en materia de igualdad de oportunidades a personas y colectivos que por determinadas circunstancias, (conciliación para la vida familiar, personal y laboral, o con problemas de diversidad funcional) no pueden asistir presencialmente.

El objetivo de este tipo de escuelas online es impartir telemáticamente y de forma gratuita formación en materia de igualdad, abierta a todas las personas interesadas en este ámbito.

Ejemplo

Un ejemplo de este tipo de plataformas es la Escuela Virtual de Igualdad del Instituto de las Mujeres, la cual, ha desarrollado ya diversas ediciones de cursos gratuitos con el objeto de que todas y todos aprendan a ver con otra mirada y a participar en el desarrollo de una realidad igualitaria entre hombres y mujeres.

5.5. Campañas de sensibilización dirigidas a las asociaciones de mujeres y de vecinos y vecinas

Es fundamental para implicar a la sociedad en general y para animar y facilitar la participación a los ciudadanos y ciudadanas en materia de igualdad, realizar jornadas, encuentros y talleres abiertos a todas las personas, pero en especial a las asociaciones de mujeres y de vecinos y vecinas del municipio.

La temática de las campañas es muy variada y dependerá de las demandas manifestadas por la ciudadanía y las circunstancias sociales del momento. Por ejemplo se pueden realizar campañas sobre:

- Día Internacional de la Mujer Trabajadora, 8 de marzo.
- Día Internacional contra la Violencia de Género, 25 de noviembre.
- Día de la Mujer Rural, 15 de octubre.
- El papel de las mujeres en los medios de comunicación.
- Prevención de embarazos no deseados.
- Igualdad en el deporte.
- Conciliación de la vida laboral, familiar y personal.
- Etc.

5.6. Programa de coeducación con los institutos de enseñanza secundaria

La mejor forma de conseguir una sociedad en la que hombres y mujeres adopten actitudes igualitarias y de respeto y tolerancia es empezando por la educación de los jóvenes.

Es necesario educar valorando las diferencias individuales y cualidades personales, permitiendo eliminar los estereotipos o ideas preconcebidas sobre las características que deben tener los niños y las niñas y los chicos y las chicas.

Las acciones de sensibilización y/o formativas deben ir dirigidas a toda la comunidad educativa, es decir, tanto al alumnado, como el profesorado y a las AMPAS (Asociación de Madres y Padres de Alumnos/as).

Estos programas son muy útiles para trabajar la prevención, sensibilización y tratamiento sobre la violencia de género.

Sabía que...

Uno de cada tres jóvenes españoles (de 15 a 29 años) percibe como normal controlar a su pareja en sus horarios, relaciones con amigos o familia, estudios o trabajo e incluso decirle lo que puede y no puede hacer.

5.7. Escuela de empoderamiento

Una escuela de empoderamiento sirve para promover la participación política y social de las mujeres y su liderazgo, de forma que puedan influir en las políticas públicas.

A través de un programa formativo, se crean cauces de participación entre los participantes, con el fin de impulsar la organización y movilización social de las mujeres, para así estar presentes en la vida pública local, en las asociaciones de vecinos y vecinas, asociaciones culturales, en los partidos políticos, etc.

Definición

Empoderamiento
Es un proceso de transformación a través del cual, las personas mejoran sus capacidades y se desarrolla la conciencia de tener derechos. Significa ser capaces de decidir y tomar responsabilidad de las decisiones propias en la vida.

Aplicación práctica

Como agente de igualdad del ayuntamiento en el que trabaja, le han encargado dirigir un equipo de trabajo del área de igualdad para poner en marcha una red de asociaciones contra la violencia de género.

En la primera reunión ha decidido hacer una lluvia de ideas sobre qué objetivos y acciones podría contemplar dicha red. Enumere algunos de dichos objetivos y acciones para llevar como propuesta a la reunión.

SOLUCIÓN (Posible solución)

Objetivos:

1. Sensibilizar a la ciudadanía, en colaboración con las administraciones competentes en materia de violencia de género.
2. Informar y sensibilizar a los agentes sociales sobre la importancia de su participación activa, como vía de salida a la violencia de género.
3. Incrementar la participación de la ciudadanía en general y de los hombres en particular, en las actividades que se realicen contra la violencia de género.
4. Reducir el umbral de tolerancia involucrando al mayor número de asociaciones en la resolución de la problemática.

Acciones:

1. Velar por los derechos de las mujeres, dando cumplimiento a la normativa legal al respecto y a los compromisos adquiridos por esta red de asociaciones contra la violencia de género.
2. Creación de instrumentos de coordinación a todos los niveles y en todo el tejido asociativo para erradicar la violencia.
3. Organización de cursos de formación básica en materia de violencia de género de las personas que impulsen la red.
4. Sensibilización social mediante campañas y acciones concretas como recogida de firmas, elaboración de folletos y carteles, guías, artículos, organización de marchas, carreras, conmemoración del 25 de noviembre, etc., contra la violencia de género.

6. Mecanismos para el cambio de estructuras que promuevan la participación: *mainstreaming* de género

El *mainstreaming* de género se define como: *la organización (reorganización), la mejora, el desarrollo y la evaluación de los procesos políticos, de modo que la perspectiva de igualdad de género se incorpore en todas las políticas, a todos los niveles, y en todas las etapas por los actores normalmente involucrados en la adopción de medidas políticas* (Consejo de Europa, 1998).

Tienen en cuenta a la vez las prioridades y necesidades de mujeres y hombres en el diseño y ejecución de las políticas y su fin es conocer cuál es la situación de partida de hombres y mujeres, analizar los porqués y prever cuál será el resultado de las actuaciones sobre hombres y mujeres de forma separada.

Ejemplo

La Junta de Andalucía cuenta con una oferta formativa encaminada a la instrucción en materia de igualdad de oportunidades para todos los cuerpos y categorías de la Administración Pública.

No se trata de integrar a las mujeres en un proceso de desarrollo social, político o económico, sino de construir un nuevo modelo que transforme las relaciones de poder basadas en la subordinación de las mujeres.

Significa que las políticas públicas deben integrar la igualdad de trato y de oportunidades, desde la toma de decisiones hasta la misma gestión.

Antes de analizar los aspectos más relevantes del *mainstreaming* de género y de cómo llevarlo a la práctica se va a ver cómo ha sido la evolución de las políticas de igualdad de oportunidades.

Nota

Estas políticas son necesarias y pertinentes, ya que, actualmente existe igualdad legal, pero aún no se ha logrado la igualdad real, es decir, igualdad de trato como criterios en todas las prácticas sociales.

6.1. Desarrollo de las políticas de igualdad

En un primer momento se produce la **eliminación de las discriminaciones legislativas.** Posteriormente se ponen en marcha las denominadas acciones positivas, que se analizarán con más detalle en el apartado siguiente.

El Comité para la Igualdad entre Mujeres y Hombres del Consejo de Europa define acción positiva como: *una estrategia destinada a establecer la igualdad de oportunidades por medio de unas medidas que permitan contrarrestar o corregir aquellas discriminaciones/situaciones de desigualdad que son el resultado u origen de prácticas o sistemas sociales y culturales basadas en los estereotipos de género.*

Estos dos aspectos suponen la implementación de políticas específicas de igualdad que han permitido conocer la situación social de la mayoría de las mujeres, visibilizarla y contribuir a una mayor sensibilización a la sociedad en general.

En un avance en las estrategias que se estaban llevando a cabo, aparece el ***mainstreaming* de género.**

Sabía que...

La estrategia de *mainstreaming* de género se formula por primera vez en la Tercera Conferencia Mundial de la Mujer (Nairobi, 1985), en el debate dentro de la Comisión de la ONU sobre la condición de la mujer.

Posteriormente la mayor parte de las instituciones, agentes y personas expertas opinan que es necesario mantener las dos líneas de intervención para conseguir el objetivo de igualdad y aparece la **estrategia dual.**

Se trata no solo de responder a las necesidades prácticas que afectan a la mayoría de las mujeres, sino también de satisfacer unos intereses estratégicos como pueden ser reparto de responsabilidades familiares, participación equilibrada en los diferentes espacios públicos, integración plena y en igualdad en el mercado de trabajo, etc.

El fin último del *mainstreaming* de género es construir un nuevo modelo en el que hombres y mujeres se relacionen de una forma diferente, compartiendo los espacios públicos y privados, las decisiones, el tiempo y las responsabilidades que se destinan a la familia, al trabajo remunerado y al espacio personal de cada uno/a.

A través de una redistribución social equitativa, se mejorará la calidad de vida de todas las personas.

Importante

El *mainstreaming* de género o enfoque integrado de género es una nueva forma de hacer política, adaptada a la realidad del ámbito donde se desarrolla, y que permite una mayor incidencia de la igualdad de oportunidades en las políticas generales.

En la estrategia dual, el *mainstreaming* de género no pretende sustituir las políticas específicas de igualdad, sino completar su acción para avanzar más y mejor socialmente.

Avances en políticas de igualdad

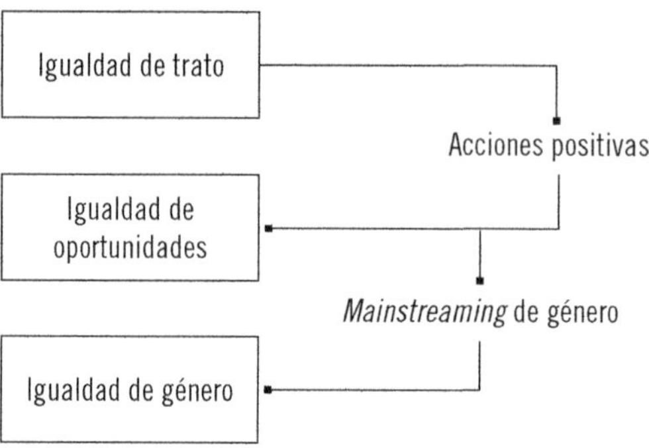

¿Cómo llevar a la práctica el *mainstreaming* de género?

Para llevar a la práctica esta estrategia es necesario cumplir con dos premisas:

1. Identificar la realidad sin sesgo de género.
2. Desarrollar procesos sensibles al género.

Identificación de la realidad sin sesgo de género

Es necesario ver la realidad de hombres y mujeres para conocer los desequilibrios existentes entre sus situaciones.

Para conocer esta realidad se pueden utilizar diferentes fuentes de información como son las fuentes estadísticas, encuestas, entrevistas, informes socioeconómicos, grupos de discusión, etc. Lo fundamental en este punto es obtener información desagregada por sexo en cinco áreas importantes:

- **Participación de mujeres y hombres:** referida a la economía, mercado de trabajo, política, etc.
- **Necesidades de la población:** visualizar las condiciones en las que viven y se relacionan las mujeres y los hombres.
- **Contexto social:** en cuanto a sus recursos (acceso o distribución a ellos, como el tiempo, espacio, dinero, servicios públicos, etc.), y a

los valores sociales (costumbres, hábitos, comportamiento, normas implícitas o explícitas).

- **Los y las agentes que dinamizan el entorno:** personas que intervienen en el liderazgo social y ciudadano como por ejemplo representantes del movimiento vecinal, grupos feministas, asociaciones de mujeres, grupos de artistas y creación cultural, etc.
- **Derechos:** discriminaciones directas o indirectas por razón de sexo.

A continuación, habrá que clasificar la información de forma que permita identificar el problema o situación de desequilibrio de género, es decir, ¿quién hace qué? O, ¿a quién afecta?, y cómo se producen las relaciones entre mujeres y hombres y en qué condiciones.

El objetivo es visualizar las relaciones de subordinación de género, y sus consecuencias, tomando una posición clara ante ellas y diseñar alternativas para eliminarla.

En el siguiente esquema se propone un sistema para analizar la información desde la perspectiva de género y que permita diseñar proyectos, programas o actuaciones que den respuesta a las diferentes situaciones entre mujeres y hombres.

Análisis de información con perspectiva de género

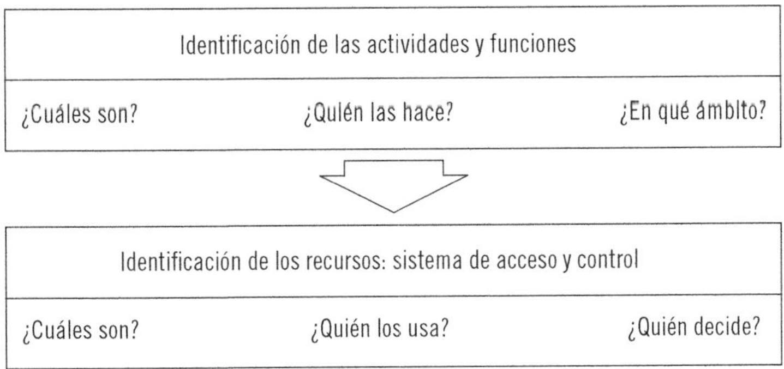

Continúa en página siguiente >>

<< Viene de página anterior

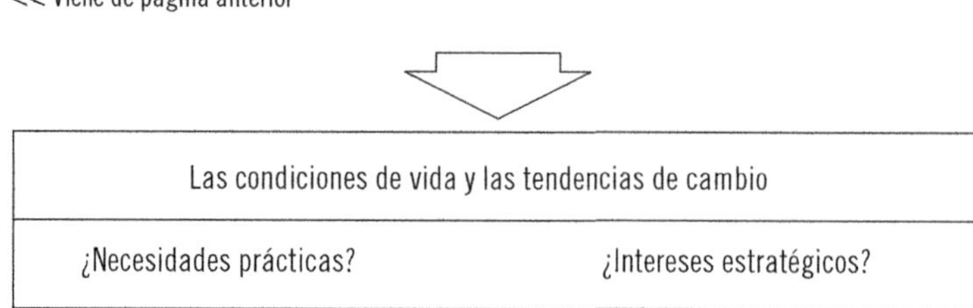

Las condiciones de vida y las tendencias de cambio	
¿Necesidades prácticas?	¿Intereses estratégicos?

Toda la información obtenida a través de este esquema deberá estar desagregada por sexo

Según Carmen Castro García (2003), es necesario responder a una serie de cuestiones, que permiten desarrollar el esquema anterior, que habrá que adaptar al proyecto y contexto concreto:

a. Descripción de la distribución de actividades entre las mujeres y los hombres de la comunidad:

- ¿Quién hace qué actividad?
- ¿Cómo organizan su tiempo las mujeres y los hombres?
- ¿Cómo se pueden caracterizar las actividades asignadas a las mujeres y las asignadas a los hombres?
- ¿Qué implicaciones para el proyecto o actuación tiene esta división del trabajo?
- ¿Qué actividades, relacionadas con el objetivo del proyecto, realizan las mujeres y cuáles los hombres?

b. Análisis de las actividades, según los ámbitos de interacción:

- ¿Cómo participan las mujeres y los hombres en los diferentes ámbitos de interacción?
- ¿Cómo es valorada la actividad de las mujeres y de los hombres en cada ámbito de interacción?
- ¿Qué estereotipos existen sobre la participación de las mujeres y de los hombres en cada ámbito de interacción?
- ¿Qué efectos sobre la vida de las mujeres y hombres, así como sobre el bienestar de la comunidad, tiene esta distribución?

c. Análisis del acceso y el control de recursos y beneficios:

- ¿Con qué recursos cuentan las mujeres y los hombres para el desempeño de sus actividades?
- ¿Qué recursos provee el proyecto y a quién?
- ¿Quién y cómo se beneficia de los recursos que provee el proyecto?
- ¿Quién toma las decisiones con respecto a los recursos y a los beneficios que provee el proyecto?
- ¿Qué desigualdades hay entre las mujeres y los hombres, con respecto al acceso y control de beneficios?

d. Análisis de las necesidades prácticas y los intereses estratégicos:

- ¿Cuáles son las principales necesidades de las mujeres y de los hombres, derivadas de sus roles en la comunidad?
- ¿Qué satisfaría esas necesidades?
- ¿Qué se requeriría para transformar los roles tradicionales de mujeres y hombres, y para lograr una mayor igualdad?
- ¿Cómo lograr una mayor participación de las mujeres en los espacios de toma de decisiones relacionadas con el proyecto?
- ¿Cómo ampliar las opciones de desarrollo personal de las mujeres y de los hombres?
- ¿Qué actividades se podrían incorporar al proyecto, dentro de su objetivo, para responder a estas necesidades de las mujeres y de los hombres de manera diferencial?

Desarrollar procesos sensibles al género

Todos los posibles agentes intervinientes necesitan de unos **conocimientos en género e igualdad de oportunidades,** así como de una actitud favorable hacia los procesos de cambio, los derechos humanos y la igualdad de género.

Nota

Los agentes intervinientes están compuestos por los representantes políticos, los profesionales del equipo técnico de la institución/organización, los agentes sociales, culturales y económicos y la sociedad civil en general.

Los conocimientos y la actitud favorable pueden conseguirse a través de dos técnicas o instrumentos como son: la sensibilización y la transferencia de conocimientos y aprendizajes.

Si solo se quiere sensibilizar, se podrá realizar alguna campaña de sensibilización y divulgación sobre igualdad, o repartir folletos y otros materiales de divulgación.

Si se quiere ir un poco más allá y facilitar el aprendizaje e intercambio de conocimientos y experiencias, sería oportuno poner en marcha acciones formativas, realizar encuentros, jornadas, foros de debate o bien formar un grupo de discusión sobre la materia en cuestión.

Se puede facilitar también la consulta y profundización de conocimientos de aquellas personas que así lo requieran, facilitando información sobre investigaciones, estudios, informes, materiales didácticos, estadísticas, etc.

No se deberá olvidar que poner en marcha una estrategia de *mainstreaming* de género pasa también por realizar un **proceso participativo y abierto, en el que hombres y mujeres participen de forma paritaria** respecto a las responsabilidades, funciones y competencias de la propia estrategia.

Algunas de las técnicas o instrumentos que pueden facilitar esta consulta igualitaria son: bases de datos de los/as diferentes agentes sociales, bases de datos de mujeres expertas en diferentes ámbitos, grupo o comités consultivos, jornadas de puertas abiertas, acciones positivas y/o sistema de cuotas de representación política (que se verán en el apartado siguiente), conferencias, foros de debate, etc.

Finalmente, se debe definir el método de trabajo a desarrollar, que será diferente y específico, según el contexto la institución desde la que se vaya a aplicar el *mainstreaming* de género.

Las líneas de acción que debe tener este método son las siguientes:

- Elaboración de un diagnóstico de género de la situación de partida.
- Impulso de procesos de sensibilización y formación continuos.
- Impulso de un proceso de aprendizaje para el cambio.
- Sistematización de la gestión económica, técnica y política del proceso, teniendo en cuenta la perspectiva de género.
- Creación de un equipo multidisciplinar que establezca el sistema de coordinación y seguimiento del proceso de *mainstreaming.*
- Participación y consulta de personas expertas desde fuera de la entidad o institución.
- Elaboración de un plan estratégico de *mainstreaming.*
- Evaluación del impacto de género de las actuaciones y programas.

Proceso de implantación del *mainstreaming de género*

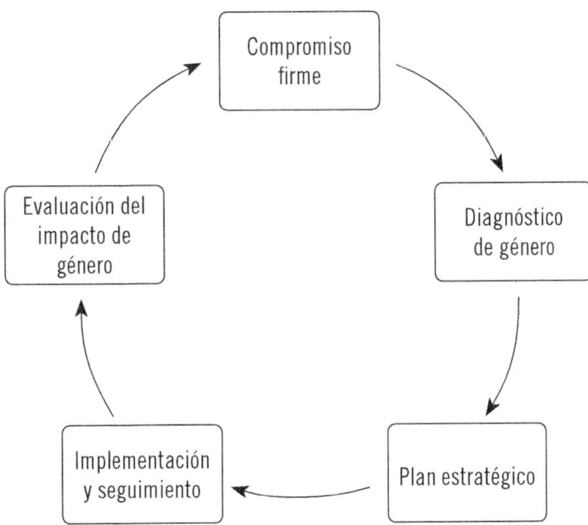

Estas líneas de actuación se pueden dividir en cuatro fases:

- **Fase 1 Diagnóstico:** en la que se analiza la realidad, visibilizando la situación de partida de mujeres y hombres en el contexto en el que se va a actuar (necesidades y demandas); y un análisis de las políticas, en la que se conoce la situación actual en relación a la política que se va a diseñar.
- **Fase 2 Dotación de recursos:** en la cual se deben determinar las necesidades y conocimientos del personal sobre género e igualdad de oportunidades.
- **Fase 3 Planificación con enfoque de género:** en esta fase se formulan los objetivos según el diagnóstico y se diseñan las medidas que se van a llevar a cabo para alcanzar esos objetivos.
- **Fase 4 Seguimiento y evaluación:** dirigida a analizar el grado de consecución de los objetivos y medidas, a través de la utilización de los indicadores de género. Se evalúa tanto la planificación, como la implementación y el impacto, a través de reuniones de coordinación, informes de seguimiento, utilización de los recursos de información y comunicación que provee internet, etc.

Aplicación práctica

Desde la Diputación Provincial en la que trabaja como promotor/a de igualdad de oportunidades entre mujeres y hombres se va a poner en marcha una red de agentes de igualdad en los servicios locales de empleo.

¿Cómo llevaría a la práctica esta red cumpliendo con las premisas de identificar la realidad sin sesgo de género y desarrollar procesos sensibles al género?

SOLUCIÓN (Posible solución)

En primer lugar es preciso crear el equipo multidisciplinar encargado del diseño, ejecución y evaluación del proyecto.

En una primera fase se realizaría un diagnóstico tanto del personal que trabaja en los servicios de empleo (actividades y funciones) como de las personas usuarias que utilizan

Continúa en página siguiente >>

<< Viene de página anterior

el servicio (acceso y control). Toda la información estaría desagregada por sexo, identificando necesidades y demandas de hombres y mujeres.

Algunas preguntas interesantes a plantear en esta fase podrían ser:

- ¿Cómo se pueden caracterizar las actividades asignadas a las mujeres y las asignadas a los hombres?
- ¿Qué desigualdades hay entre las mujeres y los hombres, con respecto al acceso y control de beneficios?
- ¿Qué se requeriría para transformar los roles tradicionales de mujeres y hombres, y para lograr una mayor igualdad?

En la fase de dotación de recursos y planificación se pondrían en marcha actuaciones como las siguientes:

- Catálogo de funciones de agentes de igualdad de oportunidades: coordinar y asesorar en diseño de itinerarios de inserción laboral e implantación del mainstreaming a nivel local.
- Formación de agentes de igualdad.
- Sensibilización y formación a responsables políticos y personal técnico sobre la igualdad de oportunidades y la perspectiva de género.
- Incorporación del enfoque integrado de género en los dispositivos locales de empleo y formación a través de los itinerarios personalizados de inserción laboral.
- Acuerdos de cooperación entre las autoridades locales para incorporar agentes de igualdad en los servicios sociales y de empleo.

Finalmente en la fase de evaluación y con el objetivo de poder incorporar propuestas de mejora habría que establecer un calendario de las reuniones de coordinación que se van a realizar, la realización de informes de seguimiento o la creación de un foro de comunicación y encuentro de agentes de igualdad en la web.

---

7. Acciones positivas para impulsar la participación. Cuotas

Según el artículo 11 de la Ley Orgánica 3/2007, de 22 de marzo, para la Igualdad Efectiva de Mujeres y Hombres, con el fin de hacer efectivo el derecho constitucional de la igualdad, los poderes públicos adoptarán medidas específicas en favor de las mujeres para corregir situaciones patentes de desigualdad respecto de los hombres. Según el artículo 6.7 de la Ley 15/2022, de 12 de julio, integral para la igualdad de trato y la no discriminación, las medidas de acción positiva se definen como: *Se consideran acciones positivas las diferencias de trato orientadas a prevenir, eliminar y, en su caso, compensar cualquier forma de discriminación o desventaja en su dimensión colectiva o social.* Estas medidas, que se aplicarán en tanto en cuanto siga existiendo discriminación, tienen que ser acordes con los instrumentos que se utilizan para su aplicación y con los objetivos que se quieren alcanzar. Es decir, han de ser razonables y proporcionadas.

La implantación de dichas medidas tienen un carácter temporal, puesto que su vigencia depende de que existan situaciones de desigualdad; son sistemáticas, es decir, van encaminadas a unos objetivos concretos que posteriormente son evaluados y, son flexibles, ya que se adaptan y varían en función de la evolución del contexto al que se apliquen.

Responden al principio de igualdad, lo que implica que desde los poderes públicos se debe tratar a cada persona según sus necesidades y demandas. Puesto que en la sociedad las mujeres no tienen las mismas condiciones de partida que los hombres, habrá que diseñar medidas específicas que faciliten a las mujeres estar situadas en la misma posición de salida que los hombres.

El Comité para la Igualdad entre Mujeres y Hombres del Consejo de Europa las define como: *las estrategias destinadas a establecer la igualdad de oportunidades por medio de medidas que permitan contrastar o corregir aquellas discriminaciones que son el resultado de prácticas o sistemas sociales.*

En la siguiente imagen, se representa a mujeres y hombres en posiciones de partida desiguales, tal y como se constata en la realidad de casi cualquier ámbito de intervención que se considere.

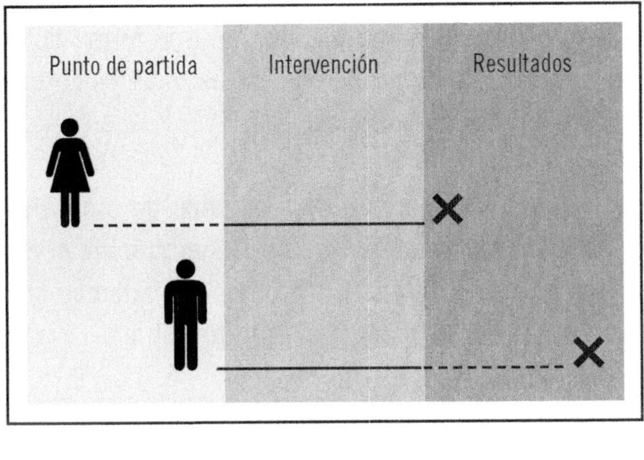

—— Ilustra la brecha de género

- - - - - Ilustra una intervención aparentemente neutra (igual para mujeres y hombres)

Si se atiende a los resultados de una intervención igual para mujeres y hombres, se caerán en la cuenta de que estos reproducen las desigualdades de partida (la brecha de género, representada con la línea continua, se mantiene).

Nota

El fin de las acciones positivas es establecer políticas que permitan a un determinado grupo social que históricamente haya sufrido algún tipo de discriminación, un trato preferencial en el acceso a recursos, bienes o servicios.

Algunos ejemplos de medidas positivas son subvenciones que favorecen la contratación de mujeres en los espacios en los que no tienen la misma representación que los hombres, la incorporación de un lenguaje no sexista, iniciativas judiciales para que no se discrimine a las mujeres, dirigidas al empoderamiento de las mujeres o sistema de cuotas para la participación política y para los puestos de decisión en el sector público y en el sector privado.

Las cuotas de género o de participación son una forma de acción positiva cuyo objetivo es garantizar la participación de las mujeres en los cargos electivos de decisión de los partidos políticos.

La participación de las mujeres en los órganos de toma de decisiones es una asignatura pendiente en esta sociedad. Generalmente son espacios masculinizados, en los que se dificulta su promoción, además la asignación de roles limita e invisibiliza su proyección al ámbito público.

La Ley Orgánica 3/2007 establece la composición equilibrada (ninguno de los sexos podrá tener presencia superior al 60 % ni menor al 40 % en la composición de los órganos) para las listas electorales que los partidos políticos presenten en las elecciones municipales, autonómicas, estatales y europeas.

Sabía que...

Según datos del informe *Mujeres en cifras (1983-2023)* del Instituto de las Mujeres en España, a nivel local, el 42,8 % de las concejalías están ocupadas por mujeres, así como el 24,5 % de las alcaldías.

Actividades

8. Observe la siguiente imagen:

Continúa en página siguiente >>

<< Viene de página anterior

IGUALDAD

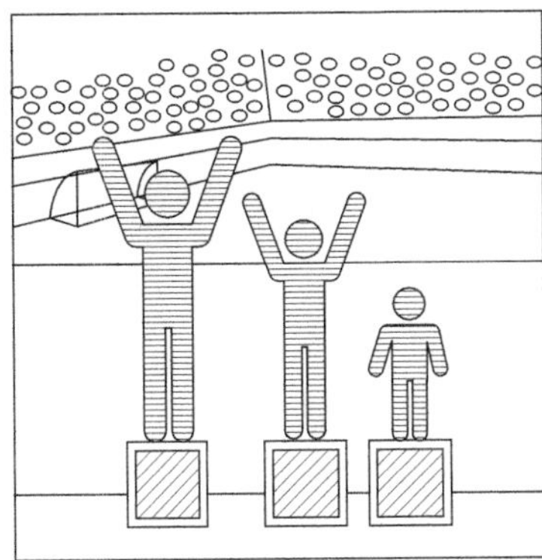

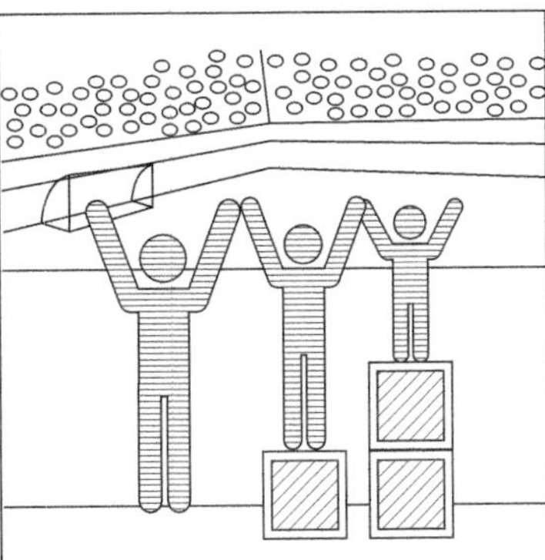

¿Qué diferencia encuentra entre las dos imágenes? Si son tres personas diferentes, ¿se deberán establecer medidas iguales para los tres, o buscar estrategias que permitan obtener resultados iguales?

9. Busque en internet y defina el concepto de equidad de género.
10. ¿Qué tipo de medidas impulsaría para la participación de las mujeres en los diversos ámbitos de decisión: económica, social, política, judicial, etc.?
11. ¿Cuántas mujeres existen Presidentas de las Comunidades Autónomas? ¿Y cuántas Consejeras en cada una de las Autonomías?

---

8. Manejo de indicadores de género en materia de participación

En primer lugar, se describirá qué son los indicadores de género y la tipología existente, y destacando la importancia de utilizar estos indicadores de género en el diseño de proyectos participativos, que deben ser definidos de forma participativa desde un primer momento.

8.1. ¿Qué son los indicadores de género?

El término indicador viene del latín *indicare: señalar, avisar, apreciar.* Es por tanto un señalador de una situación o condición específica y que mide cambios en esa situación o condición a través del tiempo.

Los indicadores de género son por tanto los responsables de señalar los cambios sociales producidos en el tiempo en relación al género, evaluando si la igualdad de oportunidades se está logrando a consecuencia de las acciones puestas en marcha.

Parten del supuesto de que los roles de género existen e indican los cambios de estatus del hombre y la mujer a lo largo de un determinado periodo de tiempo.

Permite ver en qué medidas hombres y mujeres deciden participar o no en proyectos, si se han tomado en cuenta sus necesidades, o cómo se trata o ignora la discriminación de género, es decir, cómo es la participación de ambos sexos.

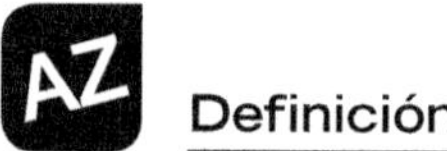

Definición

Roles de género
Son los relacionados consustancialmente con las tareas, funciones y conductas que tradicionalmente se han atribuido a un sexo como propio, comprendiendo las expectativas y normas que una sociedad establece sobre cómo debe actuar y sentir una persona si es mujer o si es hombre.

Los indicadores de género responden a una estrategia previamente definida de común acuerdo. Implica valorar y elegir aquellos que mejor se adecuen a las características del proyecto, tanto en su fase de diagnóstico como de planificación y sus actuaciones. Permiten observar los cuatro aspectos que muestran la figura siguiente:

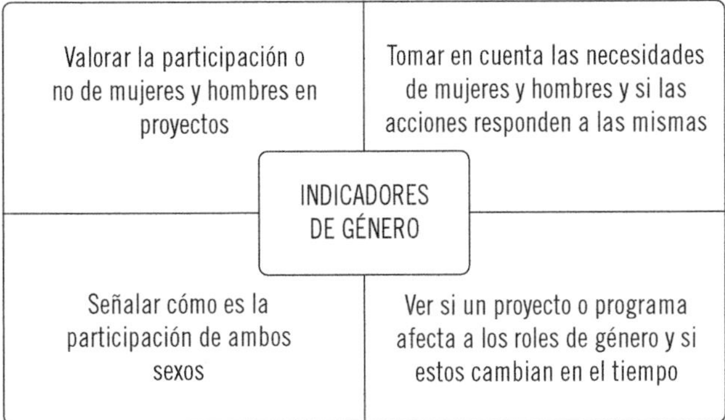

La importancia de definir claramente los indicadores de género con el objetivo de mejorar la participación de las mujeres en el ámbito público radica en dos aspectos, como son:

- Visibilizar las desigualdades de género existentes, es decir, lo que no se ve, parece que no existe. Si no se mide la desigualdad no se aprecia como problema social y no se ve la necesidad de intervenir sobre ella, por lo que tienden a reproducirse y a mostrar una fuerte resistencia a los cambios.
- Realizar una intervención de calidad que responda a los criterios de eficacia y eficiencia. Si se conoce el contexto sobre el que se quiere intervenir, y sus condicionantes, se podrán ajustar las intervenciones (planes, programas, servicios, etc.) a las demandas y/o intereses de la población a la que va dirigida.

Ejemplo

En las desagregaciones por sexo de las tasas de desempleo, si no se evidencian las desigualdades de género en este ámbito, no se pueden interponer estrategias específicas para fomentar el empleo femenino. La tasa de desempleo femenino en el primer trimestre de 2024 fue de 13,73 % frente al 11,00 % del masculino según los datos del INE.

8.2. Tipología de indicadores de género

Aunque existen diversos tipos de indicadores, es preciso tener presente una serie de cuestiones antes de seleccionar/construir los indicadores que se van a elegir para dar respuesta a los objetivos de la intervención planteada:

- ¿Visibilizan las desigualdades de género?
- ¿Dan información sobre el punto de partida diferencial de mujeres y hombres?
- ¿Permiten involucrar a los/las agentes del programa o proyecto?
- ¿Permiten observar cambios en la presencia, participación, recursos de mujeres y hombres?
- ¿Permiten establecer relaciones entre las situaciones observadas y los factores que las producen?

Los cuatro indicadores más usados desde la perspectiva de género son los siguientes:

a. Índice de concentración
b. Índice de distribución
c. Brecha de género
d. Índice de feminización

Índice de concentración

Se define como el porcentaje de individuos con una característica determinada con relación a su grupo sexual, o el porcentaje intrasexo.

Se calcula dividiendo el número de mujeres en una categoría entre el total de mujeres y por otro lado el número de hombres entre el total de hombres.

Este índice permite observar la distribución de cada sexo entre las categorías de una variable y sobre la relación entre los sexos.

Un ejemplo de este tipo de concentración es la distribución de mujeres y hombres según causas de inactividad.

A continuación, se muestra un gráfico en el que se reflejan las razones de inactividad por sexos.

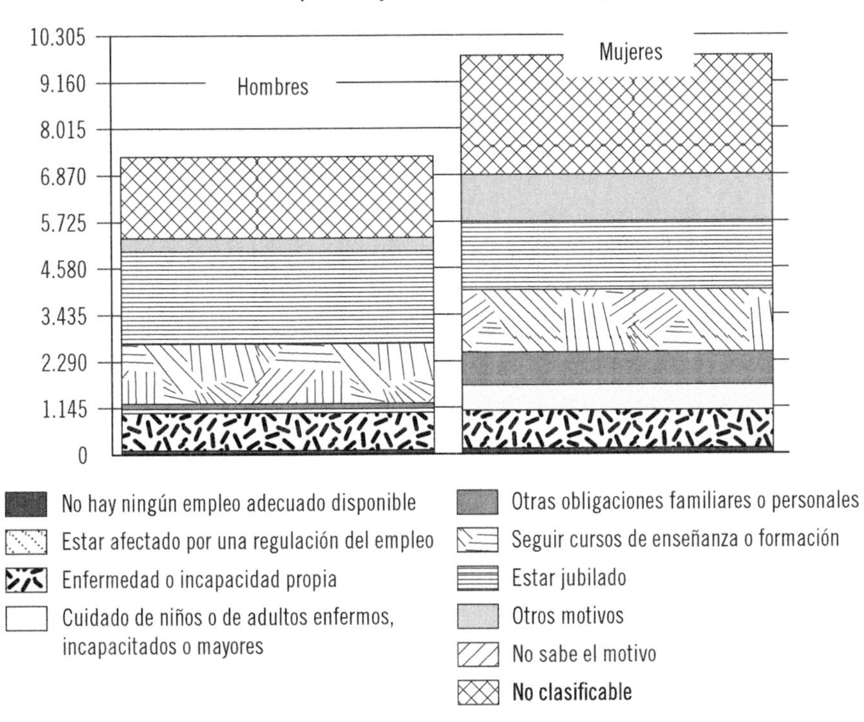

Índice de distribución

Se define como el porcentaje de un sexo con relación al otro (intergénero).

Se calcula a través de una relación porcentual multiplicando el número de mujeres o de hombres de cada variable por cien y dividendo el resultado entre el total de personas consideradas en la variable.

Nos aporta información para ver las diferencias entre los sexos en una categoría, es decir, las relaciones de género y conocer las posibles desigualdades entre mujeres y hombres en el contexto social analizado.

Un ejemplo de su interpretación puede ser el número de personas víctimas y denunciadas por violencia doméstica según el sexo.

Según el INE (Instituto Nacional de Estadística), en el estudio realizado en 2023 (Estadística de Violencia Doméstica y Violencia de Género), hubo un total de 9.126 víctimas de violencia doméstica, de las que 3.551 fueron hombres y 5.575 mujeres.

En este caso para obtener el índice de distribución habría que dividir el número de mujeres víctimas (5.575) entre el total (9.126), y multiplicándolo por cien, se obtiene un índice de distribución de 61,1 %. En el caso de los hombres se obtendrá un 38,9 %.

Aplicación práctica

A partir de la siguiente información, obtenga el índice de distribución de hombres y mujeres en relación a la categoría de personas denunciadas por violencia doméstica. Refleje los resultados en una tabla.

- **Total de Personas denunciadas: 5.400**
- **Hombres denunciados: 4.091**
- **Mujeres denunciadas: 1.309**

SOLUCIÓN

		Índice de Distribución
Total Víctimas	5.400	
Hombres	4.091	75,8 %
Mujeres	1.309	24,2 %

Brecha de género

Es la diferencia entre las tasas masculina y femenina en la categoría de una variable.

Se calcula restando a la tasa femenina la tasa masculina. La diferencia entre mujeres y hombres se refleja en puntos porcentuales, por lo que cuanto menor sea la brecha, más próximo se estará de la igualdad. Cuando el valor de la brecha de género sea negativo, indicará una diferencia favorable a los hombres mientras que una brecha de género en positivo señalará una diferencia favorable a las mujeres.

Un ejemplo de este indicador puede ser la brecha de género en cuanto a la tasa de paro de hombres y mujeres.

Según la EPA (Encuesta de Población Activa), en el primer trimestre de 2024 la tasa de desempleo femenino fue de 13,73 % y la tasa masculina del 11,00 %, por lo que la brecha de género actual en cuanto a la tasa de desempleo es del 2,73 %.

Índice de Feminización (IF)

Se define como la representación de las mujeres con relación a los hombres para cualquier variable de análisis.

Se calcula dividiendo el número de mujeres entre el número de hombres, es decir, por cada hombre hay X mujeres.

Un valor igual a 1 significa que existe equidad y valores por debajo de 1 supone que las mujeres están infrarrepresentadas y valores por encima del 1 supone una feminización de la categoría.

Un ejemplo para este índice se puede observar en la situación de mujeres y hombres en el mercado de trabajo.

	Activa	Ocupada	Parada	Inactiva
Mujeres	11.426,2	9.857,0	1.569,2	9.812,1
Hombres	12.801,7	11.393,0	1.408,7	7.286,5
Índice Feminización	-0,89	-0,86	1,11	1,35

Fuente: Encuesta de Población Activa (INE, 2024 T1)

8.3. Indicadores de género en materia de participación

Cuando se diseña, se pone en marcha o se evalúa un **proyecto participativo** es fundamental contar con la participación de todas las personas a las que se dirige dicho proyecto, respondiendo así a las necesidades de todas las personas involucradas.

Una forma de conseguirlo es invitando a contribuir en el desarrollo de los indicadores, especialmente a las personas a las que el proyecto afectará más directamente, así como seleccionando los indicadores para cada etapa del proyecto, en respuesta a los objetivos del mismo.

Algunos indicadores de género a tener en cuenta en la elaboración, realización, evaluación y seguimiento de proyectos participativos según el manual para proyectos *Por qué y cómo utilizar indicadores de género,* de la Dra. Morton Stelcner (1998) son los siguientes:

- Los niveles de participación de mujeres y hombres en la identificación y planificación del proyecto a diferentes niveles (ayuntamientos, ONG, entidades privadas, etc.).
- La existencia de reglas elaboradas de manera participativa, y en cuya elaboración participaron parcial o completamente todos los miembros de la comunidad, especificando % de hombres y mujeres.
- El número de mujeres y hombres que ocupan puestos de decisión, por grupo socioeconómico.
- Las contribuciones de mujeres y hombres a los trabajos, a las herramientas, al financiamiento, etc., por grupo socioeconómico.
- El mantenimiento de las instalaciones materiales por mujeres y hombres.

- El número de mujeres y hombres que asisten a las reuniones, por grupo socioeconómico, edad y grupo étnico.
- El número de grupos locales de mujeres y hombres que se han establecido.
- La repartición de beneficios entre mujeres y hombres, por edad, grupo socioeconómico y origen étnico (por ejemplo, mayor equilibrio en el reparto de tareas del hogar, empleos creados, etc.).

A continuación, se proponen algunos ejemplos de indicadores de género según diferentes áreas de participación:

a. Indicadores relacionados con el movimiento asociativo:

   - Número de asociaciones/organizaciones según la tipología de las mismas.
   - Presupuesto con el que cuentan, según su tipología.
   - Nivel de participación de las mujeres y de los hombres en las asociaciones/organizaciones, según el campo de actuación de las mismas.
   - Nivel y tipo de responsabilidad adquirida y representación de hombres y mujeres en cargos de responsabilidad.
   - Tiempo que dedican a la participación social mujeres y hombres.
   - Número y tipo de asociaciones de mujeres.

b. Indicadores relacionados con la participación en las organizaciones políticas:

   - Distribución de mujeres y hombres en los órganos de participación y de gobierno a nivel central, autonómico y local (alcaldías y concejalías).
   - Afiliación/participación en partidos políticos y sindicatos por sexo y en los órganos de representación de los mismos.
   - Niveles de responsabilidad y tipo de participación en los mismos.
   - Representación de las mujeres en los altos cargos de la Administración Central, Autonómica y/o Local.

c. Indicadores relacionados con el interés por la política:

- Participación e interés en debates políticos.
- Percepción de eficacia de la política.
- Presencia de mujeres en los programas de debate político de radio y TV.
- Índices de participación en convocatorias electorales.
- Percepción de la equidad entre los sexos en la actividad política dirigente del país.
- Participación, de carácter general, en actividades políticas: seminarios, reuniones, charlas, mítines, información, etc.

d. Indicadores relacionados con la asistencia en los órganos de participación de las administraciones públicas:

- Nivel de participación de hombres y mujeres en los consejos consultivos, presupuestos participativos, planes estratégicos, etc.

e. Indicadores relacionados con la participación de mujeres y hombres en la economía y el mercado de trabajo:

- Representación de mujeres y hombres en la economía visible y economía sumergida.
- Tasa de representación por sexo en estructuras económicas con poder de decisión.
- Índices de participación por sectores productivos.
- Condiciones de participación en el mercado de trabajo (tipo de contrato y jornada).

Aplicación práctica

Desde el área de igualdad de la fundación para el desarrollo en la que trabaja se va a llevar a cabo un proyecto para mejorar la situación de las mujeres de la zona respecto

Continúa en página siguiente >>

<< Viene de página anterior

a su participación en el poder político en un periodo de dos años. Defina algunos posibles indicadores de género que le permitan alcanzar el objetivo propuesto.

SOLUCIÓN (Posible solución)

Los indicadores pueden ser:

- Número de asociaciones de mujeres en la zona.
- La aceptación del proyecto por la población beneficiaria.
- Opiniones de las mujeres sobre la formación ofrecida.
- Afiliación/participación en partidos políticos y sindicatos por sexo.
- Número de mujeres y hombres que presiden las asociaciones de vecinos de la zona.

Actividades

12. Ponga algunos ejemplos de roles de género asociados a mujeres y a hombres.
13. ¿Cuál era la brecha de género para la categoría de tasa de desempleo femenino y masculino hace 5, 10 y 20 años?
14. Analice el conjunto de formaciones políticas de su ciudad y especifique para cada uno de ellos, si es un hombre o una mujer quien ostenta el cargo de secretario/a general y cuantas mujeres y hombres lo representan en la corporación local.

---

9. Mecanismos de seguimiento del trabajo de colaboración con agentes del entorno de intervención

Como se ha visto en el apartado anterior de *Mecanismos para el cambio de estructuras que promuevan la participación: mainstreaming de género*, diseñar, implementar y consolidar una estrategia que mejore la participación de las mujeres en el ámbito público desde la perspectiva de género requiere de una fase esencial como es el seguimiento del proyecto o actuación concreta.

El objetivo de establecer mecanismos de seguimiento ha de ser el de ir comprobando qué y cómo se está realizando el trabajo de colaboración con los agentes del entorno, de forma que permita ir mejorando la calidad de los procesos iniciados.

Lo primero y fundamental es establecer un sistema de comunicación eficaz, con el objetivo de conseguir la mayor implicación posible de los diferentes agentes del entorno (equipos técnicos, representantes políticos, agentes sociales, participantes, etc.).

Este sistema de comunicación permitirá ir obteniendo el *feedback* de todas las personas implicadas.

Es muy importante también identificar quién va a responsabilizarse del seguimiento en el área de intervención de que se trate, así como de a qué es a lo que se va a hacer el seguimiento. No es lo mismo evaluar las actuaciones realizadas, los resultados que se van obteniendo, las relaciones de género o a los propios agentes que intervienen.

Otro aspecto esencial es organizar el seguimiento del trabajo a través de la definición de un calendario de las actuaciones, la asignación de recursos al mismo y los momentos y formas de realizarlo.

Algunas de las técnicas o instrumentos más adecuados para el seguimiento son:

a. Uso de los recursos de información y comunicación que provee internet, como las listas de distribución de noticias o foros de debate que se reciben por el correo electrónico.
b. Realizar reuniones de coordinación cada cierto intervalo de tiempo.
c. A través de la utilización de mapas de la localidad se inicia un debate sobre el tipo de cambio que se está produciendo en el entorno de intervención, además de dónde y cómo se produce.
d. Llevar a cabo jornadas de formación y reciclaje profesional.
e. Diagramas de Venn, muestra las relaciones entre grupos, instituciones e individuos.

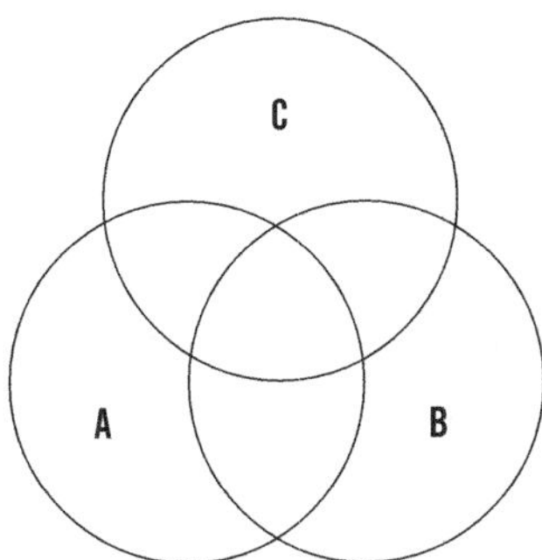

Ejemplo de diagrama de Venn (A: Área de igualdad de la Entidad Local; B: Asociaciones juveniles; C: Alumnado de los IES Secundaria).

f. Encuentros y foros de debate, tanto presenciales como *online*.
g. Presentar informes de seguimiento.
h. Formularios de retroinformación. El objetivo de estos formularios es conocer lo que piensan los diferentes agentes de los servicios que presta el proyecto/actuación/departamento. Por ejemplo, preguntando qué es lo que le pareció más útil o cómo mejorarían la actividad.
i. Algunas personas pueden llevar diarios relacionados con las actividades del proyecto y su participación en ellas.
j. Realizar estadísticas de las actuaciones emprendidas.

Nota

El uso de los recursos de información y comunicación requiere de unas óptimas condiciones técnicas para que todas/os puedan conectarse y la práctica y costumbre de su utilización, ya que sino, puede obstaculizar más que favorecer el seguimiento y la igualdad de acceso a los mismos.

Aplicación práctica

Desde la entidad sin ánimo de lucro en la que trabaja se puso en marcha hace seis meses un programa de sensibilización contra la violencia de género en adolescentes. En dicho proyecto colabora el Área de Igualdad del Ayuntamiento, dos asociaciones juveniles de la ciudad y varios institutos de educación secundaria.

Como responsable del seguimiento del programa diseñe una estrategia que permita contactar y mantener una relación entre todos los agentes intervinientes.

SOLUCIÓN (Posible solución)

Se deberá partir de la premisa de que todos los agentes del entorno de intervención han podido participar en el diseño y ejecución del programa, puesto que esto permitirá una mayor implicación y seguimiento del mismo.

En primer lugar se debe organizar un seguimiento del programa en base a un calendario de actuaciones, definiendo claramente los responsables que van a participar y los recursos que se van a destinar.

Es importante también que la comunicación sea bidireccional y eficaz para lo que se podría crear una dirección de correo electrónico desde la cual enviar información relacionada con el programa.

Cada tres meses realizar una reunión de coordinación en la que se presente un informe de las actuaciones llevadas a cabo y de las posibles incidencias que surjan.

Sería interesante realizar un cuestionario de retroinformación al alumnado de los institutos y realizar alguna jornada de formación a la que asistan representantes de todas las instituciones implicadas en el programa.

Hay que tener en cuenta que no todas las partes beneficiarias desearán necesariamente participar en el proceso de seguimiento.

10. Resumen

En cualquier proceso participativo que se pretenda poner en marcha, es fundamental realizar un diagnóstico de las necesidades e intereses de la población beneficiaria. Premisa esta, que en ciertas ocasiones no se cumple, debido a la falta de disponibilidad de tiempo de las Administraciones Públicas y la disponibilidad y expectativas de la ciudadanía.

De ahí la importancia de conocer y saber gestionar las necesidades de participación, los mecanismos de participación y las metodologías participativas que en este capítulo se han podido analizar.

A lo largo del capítulo se han descrito también diversas técnicas y herramientas necesarias para impulsar y facilitar la participación de la sociedad en general y de las mujeres en particular en el ámbito público.

Destacar por ejemplo el Consejo Local de las Mujeres, el Plan Municipal de Igualdad, o el *mainstreaming de género,* el uso de indicadores de género como el índice de feminización y la brecha de género, así como los indicadores de género en materia de participación.

Finalmente se destaca la importancia de establecer mecanismos de seguimiento del trabajo de colaboración y mejorar así la calidad de los procesos iniciados.

Ejercicios de repaso y autoevaluación

1. **¿Para qué son útiles las técnicas participativas en la fase de planificación de las actuaciones?**

   a. Consensuar con las personas destinatarias.
   b. Comparar y analizar si se ha cumplido lo diseñado.
   c. Realizar los ajustes necesarios.
   d. Asegurar la participación de todos los actores implicados.

2. **Complete la siguiente oración:**

   La sociedad debe ser ____________ y ____________, y debe permitir recoger las demandas de la ciudadanía. Por eso no se puede limitar la ____________ de las personas y conformar sociedades ____________ en detrimento de un ____________ u otro.

3. **En el Plan Estratégico para la Igualdad Efectiva de Mujeres y Hombres 2022-2025, ¿qué ejes desarrollan medidas para fomentar la participación equilibrada de mujeres y hombres?**

   a. 1
   b. 2
   c. 3
   d. 4

4. **¿Para qué se utiliza un árbol de problemas?**

   ____
   ____
   ____
   ____

5. Busque en la siguiente sopa de letras las fases de un proceso de participación ciudadana.

O	I	A	D	D	R	C	R
E	N	D	E	B	A	T	E
V	F	F	V	L	E	O	V
A	O	A	O	R	J	A	I
L	R	I	L	L	E	U	S
U	M	U	U	A	C	H	I
A	A	R	C	C	U	I	O
C	C	J	I	T	C	G	N
I	I	C	O	C	I	N	I
O	O	M	N	O	O	T	O
N	N	N	E	I	N	E	N

6. Relacione los siguientes mecanismos de colaboración para promover la participación con su utilidad.

a. Plan Municipal de Igualdad de Oportunidades.
b. Consejo Local de las Mujeres.
c. Escuelas de empoderamiento.

__ Promover la participación política y social de las mujeres y su liderazgo.
__ Concretar la política local de igualdad.
__ Cauce de participación de las asociaciones de mujeres con los poderes públicos.

7. Señale si las siguientes afirmaciones son verdaderas o falsas.

a. En un primer momento se propone la eliminación de las discriminaciones legislativas y posteriormente se ponen en marcha las acciones positivas.

- ☐ Verdadero
- ☐ Falso

b. La estrategia dual es anterior al mainstreaming de género.

- ☐ Verdadero
- ☐ Falso

c. Las dos premisas para llevar a la práctica el mainstreaming de género son identificar la realidad sin sesgo de género y desarrollar procesos sensibles al género.

- ☐ Verdadero
- ☐ Falso

8. ¿Qué son las acciones positivas?

____

____

____

____

9. El Índice de Concentración se define como...

a. ... la diferencia entre las tasas masculina y femenina en la categoría de una variable.
b. ... el porcentaje de un sexo con relación al otro.
c. ... el porcentaje de individuos con una característica determinada con relación a su grupo sexual.
d. ... la representación de las mujeres con relación a los hombres para cualquier variable de análisis.

10. ¿Cuáles son los aspectos claves a tener en cuenta para establecer un mecanismo de seguimiento del trabajo de colaboración con los agentes del entorno?

Capítulo 2

Procesos grupales y gestión de conflictos

Contenido

1. Introducción

En el capítulo 1 se analizó la intervención bajo la perspectiva de género desde el punto de vista público e institucional, y se puso de relieve la importancia de diseñar proyectos participativos en los que se contemplen las necesidades e intereses de forma diferenciada entre hombres y mujeres.

A través de este capítulo se seguirá analizando cómo diseñar una intervención desde el enfoque de género, pero a un nivel más próximo a las personas, es decir, a través de los grupos en los que se interrelacionan y desde el análisis de la identidad de género que cada hombre y cada mujer hace de sí mismo/a.

Sin duda, de cómo los roles y estereotipos de género influyen en la percepción de la realidad y de cómo se pueden redefinir las relaciones entre hombres y mujeres, dependerá un nuevo modelo de sociedad en el que imperen valores como el respeto, la solidaridad, la igualdad de oportunidades y la justicia.

2. Identificación de dinámicas grupales y detección de las aportaciones del grupo al desarrollo individual

Cada persona aporta al grupo sus características individuales (habilidades, intereses, frustraciones, deseos, etc.) y es la interrelación de todos los integrantes del grupo, lo que hace que se genere una dinámica interna, que a su vez influye en el desarrollo individual de los participantes.

2.1. Los grupos

Los grupos se forman cuando dos o más personas interactúan entre sí, acorde a unas normas e ideales y con un sentido de participación en busca de los mismos propósitos o metas. Su vínculo básico es la comunicación, distribuyéndose entre todos sus integrantes los roles o papeles a desempeñar por cada uno.

Se podrán encontrar diferentes tipos de grupos según los criterios que se utilicen:

- **Tamaño:** se distinguen grupos pequeños, entre 2 y 25 personas, y grupos grandes, más de 25. En líneas generales, suele considerarse como recomendable para trabajar en grupo entre 4 y 8 personas.
- **Carácter temporal:** se encuentran grupos temporales, con una tarea determinada, por ejemplo un jurado, y grupos permanentes, más estables como la familia.
- **Tipo y origen de pertenencia:** existen los grupos primarios, formado por un número reducido de miembros con vínculos afectivos y cohesión (por ejemplo un grupo de autoayuda); grupos secundarios, son más amplios y no existe contacto cara a cara entre todos sus miembros (por ejemplo una asociación de mujeres); grupos de pertenencia, a los que se pertenece por motivos de nacimiento (por ejemplo grupos étnicos); y grupos de referencia, a los que se pertenece voluntariamente por gustos y necesidades (por ejemplo los grupos políticos).
- **Nivel de planificación:** según este criterio, se distinguen los grupos formales como los equipos directivos o los grupos informales, más espontáneos, dirigido a satisfacer necesidades personales y sociales como el grupo de amigos.

2.2. ¿Cómo evolucionan los grupos?

El grupo va evolucionando según una serie de etapas que se describen a continuación:

1. **Inicio:** se caracteriza por unas relaciones cordiales entre los miembros del grupo, aunque un poco distantes, pero en un ambiente de optimismo y de búsqueda de seguridad y amabilidad.
   Por ejemplo, cuando se forma el equipo de trabajo coeducativo de un centro educativo, aunque el profesorado que lo forme ya se conozca, es muy importante crear un buen ambiente de trabajo desde el principio, basado en la comunicación y empatía.

2. **Acoplamiento o ajuste:** en la que se van mostrando las diferencias individuales de cada integrante, se van concretando los objetivos iniciales, van apareciendo los distintos papeles o roles, se va defiendo la forma de trabajar en grupo. Es una etapa caracterizada por la unión y complicidad, pero también por las tensiones y conflictos.
   Siguiendo con el ejemplo anterior, en esta fase deben establecerse claramente los objetivos, como pueden ser fomentar el cambio de relaciones de género formando al alumnado en la autonomía personal, corregir el desequilibrio existente entre profesores y profesoras en actividades de responsabilidades escolares, favoreciendo nuevos modelos de actuación a los jóvenes, concienciar a las madres y padres de la importancia de educar en igualdad en el seno de la familia, etc. En esta fase se establecerán también los roles a adoptar de cada profesor/a como quién será el encargado de liderar, de cohesionar el grupo y establecer relaciones con los padres y madres del alumnado, el más entusiasta y que busque nuevas oportunidades y actuaciones motivadoras para los jóvenes, etc.
3. **Madurez:** en esta etapa cada miembro tiene definido su papel y los objetivos están claros y las responsabilidades más repartidas. Existe un sentimiento de equipo y la dinámica de trabajo es más eficaz y productiva, pues no existe ya temor a pedir ayuda ni luchas de poder.
   En esta etapa, es importante evaluar si las acciones realizadas están respondiendo a los objetivos propuestos, ya que, ahora el equipo de trabajo trabaja de una forma más dinámica y eficaz.
4. **Agotamiento o ruptura:** en última instancia la vida de grupo está determinada por las tareas o propósitos de este. La consecución de los objetivos o propósitos que unían al grupo provocará un proceso de separación. En esta etapa pueden volver a aparecer las diferencias interpersonales y será de máxima importancia la valoración del trabajo realizado por cada uno de sus miembros.
   En este caso la labor del equipo de coeducación debe ser permanente, pero pudiera ser necesario, un cambio en las personas que lo integran, valorando las actuaciones de cada participante y redefiniendo los objetivos iniciales y actuaciones llevadas a cabo.

2.3. Aportaciones al desarrollo individual. Un ejemplo práctico: adolescencia y violencia de género

Los grupos influyen sobre las ideas y las conductas de las personas que los componen.

En el trabajo de un grupo los individuos desarrollan la confianza mutua, mejoran su comunicación, mejoran su autoestima, aprenden modos más efectivos para trabajar y cooperar juntos, y aprenden a participar y expresar necesidades e intereses individuales.

En el apartado 4 se analizará cómo los estereotipos de género hacen que hombres y mujeres adopten un rol u otro dentro de los grupos a los que pertenecen. Pero antes se va a analizar cómo influyen las relaciones interpersonales entre el grupo de iguales en relación a la violencia de género en la adolescencia.

Seguro que en alguna ocasión se habrá dado la pregunta de si se ha avanzado tanto como dicen, en igualdad de oportunidades e igualdad de género, ¿porque hoy en día se siguen produciendo abuso contra las mujeres cometidos por varones sexistas?, y ¿en edades tan tempranas?

Evidentemente, la conducta violenta es fruto de la combinación de diversos factores tanto socioculturales como individuales y circunstanciales, pero un alto porcentaje de la práctica de este tipo de conducta se sitúa en la desigualdad de poder entre hombres y mujeres debido al sexismo.

Sabía que...

Según el Barómetro Juventud y Género 2023, realizado por Fundación Fad Juventud, el 6,6 % de las mujeres y el 15,9 % de los hombres apuntan como uno de los factores que influyen en la violencia de género, "la provocación de las mujeres".

Chicos y chicas deben comportarse de acuerdo con los códigos de valor del grupo, puesto que si no lo hacen, se arriesgan a recibir críticas y a ser rechazados.

En este periodo de desarrollo es muy importante las aportaciones y mensajes que se reciben de los grupos, ya que, con frecuencia, cuesta diferenciar las propias preocupaciones y puntos de vista de los del grupo, por lo que el sujeto hace propias sus prescripciones y valores.

El **sexismo ambivalente** actualmente presente en las relaciones entre adolescentes hace que mujeres y hombres se comporten de forma diferente dentro de los grupos de iguales, influyendo en el posterior desarrollo de su personalidad y provocando la adopción de actitudes violentas, que pasan desapercibidas en la mayoría de las ocasiones.

Definición

Sexismo ambivalente

Es una nueva forma de sexismo, (característico de la cultura occidental), en el que se combina el viejo y tradicional sexismo hostil (conducta discriminatoria) con el nuevo y "más respetuoso", benévolo, encubierto y sutil.

El sexismo benévolo, más moderado, puede llegar a ser más perjudicial que el sexismo hostil, ya que se practica en base a un sistema de refuerzos y castigos destinado a que el grupo subordinado sepa comportarse como tal.

Aplicación práctica

Las relaciones entre chicos y chicas jóvenes están influenciadas por los roles de género y un sexismo interiorizado en el que juegan un papel fundamental el grupo de

Continúa en página siguiente >>

<< Viene de página anterior

iguales a los que pertenecen. Esta influencia del grupo determina que ciertos gestos sutiles o en cubierto de control en una relación puedan terminar en situaciones de violencia o maltrato físico.

A continuación, se proponen dos situaciones diferentes, ¿cuál pertenece al sexismo hostil y cuál al benévolo?

a. **Se mete una rana en un recipiente con el agua a 70°, y esta salta inmediatamente debido a su capacidad de reacción.**
b. **Ahora se mete la misma rana en el agua, pero a una temperatura inicial de 20°, pero calentándola gradualmente hasta los 70°, hasta que llega un momento en el que siente el calor pero ya no puede saltar, al llevar mucho tiempo dentro del agua y estar cansada de nadar, muere abrasada.**

SOLUCIÓN

La situación A pertenece al sexismo hostil y la situación B al sexismo benévolo.

2.4. Estrategias para buscar nuevas metas e intereses personales y grupales

Como ya se ha explicado en el capítulo primero lo fundamental para implicar a las personas en las actuaciones, proyectos o en la propia dinámica grupal es contar desde un principio con las necesidades e intereses de los participantes.

Se trata de definir estrategias no solo basadas en la prevención, en los riesgos, las vulnerabilidades, sino también en las fortalezas, y potencialidades. A través del trabajo grupal (ya sea en una asociación, en la escuela, en el trabajo) lo que se pretende es lograr el desarrollo integral de los individuos, contribuyendo al logro de su identidad y a la participación dentro de la comunidad.

En definitiva transformar las carencias en recursos, que según Montero (2006), es el proceso mediante el cual los miembros de una comunidad (individuos organizados) desarrollan conjuntamente capacidades y recursos para controlar su situación de vida, actuando de manera comprometida, consciente y crítica, para lograr la transformación de su entorno según sus necesidades y aspiraciones, transformándose al mismo tiempo a sí mismos.

A continuación, se plantean distintas actuaciones y/o indicaciones con el objeto de establecer **dinámicas grupales que permitan la participación activa, enriquecedora y atractiva** de sus participantes. Y que a la vez permita ir descubriendo nuevas metas o intereses, o bien redefinir los planteados inicialmente:

- Propiciar espacios para el intercambio de experiencias y conocimientos entre todas las personas/instituciones implicadas.
- Proponer actividades que permitan evaluar los valores y roles aprendidos a lo largo del proceso de socialización.
- Establecer un proceso de trabajo, basado en un continuo de investigación -acción-reflexión de las actividades e ideas que se vayan planteando dentro del grupo.
- Considerar a los participantes poseedores de recursos para solventar sus necesidades y dar respuesta a sus intereses.
- Realizar técnicas participativas en las que se permita colectivizar ideas, resumir discusiones, promover una discusión amplia sobre un tema u obtener conclusiones.

Investigación-acción-reflexión
Es un método de investigación que se desarrolla a partir de la participación activa de la comunidad. Dicho método planifica, analiza y reflexiona sobre su propia realidad, posteriormente reflexiona sobre el ser y deber ser, para finalmente ejecutar y volver a reflexionar.

Algunos ejemplos de estas técnicas son:

a. **Juego de roles:** con esta técnica se analizan las diferentes actitudes y reacciones de las personas frente a situaciones o hechos concretos. Se escoge un tema, se conversa sobre él dividiendo el grupo en subgrupos, procurando que sean grupos mixtos, y cada uno prepara su papel y argumentos. Es importante dejar claro la actitud y reacción de los personajes.
b. **Lluvia de ideas:** el objetivo es poner en común el conjunto de ideas, conocimientos, intereses de los participantes sobre un tema y colectivamente llegar a unas conclusiones o acuerdos comunes. La cuestión que se plantee se debe hacer de forma clara permitiendo que los participantes respondan a partir de su realidad y experiencia. Todas las ideas que se planteen se van anotando en una pizarra o papelógrafo.
c. **La pecera:** se utiliza para tratar cualquier tema, permitiendo al grupo dar una visión crítica de sus planteamientos y evaluar el funcionamiento del grupo como grupo de discusión.
   Para su desarrollo se enumera a los participantes por orden, del 1 al 3 para formar tres grupos o del 1 al 2 y se forman dos si el grupo es menor de veinte. Cada grupo forma círculos así:
   El grupo 1 discute algún tema y llega a una conclusión (10-15 min). El grupo dos observa y da una opinión sobre la respuesta dada por el primero. Finalmente se hace una síntesis general. El coordinador/a debe procurar realizar preguntas que permitan orientar y profundizar en la discusión.
d. **Los tres deseos:** a través de esta técnica se pide a cada participante que piense tres deseos que sean realizables y que les afecte a ellas y ellos y a su entorno más cercano. Posteriormente, se dividen en subgrupos, uno formado por mujeres, otro por hombres y otro mixto. Cada subgrupo expresa sus deseos y selecciona entre todos tres deseos, que escriben en papel. Se analizan y se observa si hay alguna distinción de género en las respuestas de cada grupo. Para terminar, entre todo el grupo se eligen los tres deseos más relevantes y a través de una lluvia de ideas se pide que aporten los medios para alcanzarlos. Se concluye la actividad recordando que los genios no existen, los únicos genios son ellos mismos y el grupo al que se pertenece, que con sus aportaciones y compromisos pueden contribuir a lograr la meta deseada.

Aplicación práctica

En la Federación de Asociaciones de Mujeres Rurales en la que trabaja como agente de igualdad, se va a desarrollar un proyecto con el objetivo de animar a la participación de mujeres y hombres jóvenes en el tejido asociativo de la zona, con el objetivo de mejorar la realidad de su comunidad o pueblo.

¿Cómo plantearía el proyecto para que las personas beneficiarias del mismo quieran participar en él? ¿Y cómo lo llevaría a la práctica?

SOLUCIÓN (Posible solución)

1. Se crearía un grupo de trabajo compuesto por representantes de las mujeres de las asociaciones que componen la Federación.
2. Se pondría en contacto con las asociaciones juveniles de la zona si las hubiera y con los centros de educación secundaria.
3. Se realizaría una presentación del proyecto en las asociaciones y centro de enseñanza, a través de una metodología dinámica, en la que ellos y ellas se sintieran participes del proyecto. Plantearía preguntas del tipo:

   - ¿Ha participado alguna vez en alguna asociación?
   - ¿Por qué cree que es interesante participar?
   - ¿Cree que existe diferencia en las motivaciones de hombres y mujeres a la hora de participar?

4. Se llevaría a cabo la realización de talleres, adaptado a la disponibilidad de los y las jóvenes, en los que participen las mujeres de las asociaciones, y puedan contar su experiencia y motivos para participar.
5. En estos talleres se utilizarían técnicas participativas que permitieran reflexionar sobre los temas tratados y la experiencia personal de cada participante.
6. Cada taller debe concluir con la realización de la actividad "Los tres deseos".

2.5. Y las características individuales, ¿cómo afectan en los procesos grupales?

En primer lugar, habrá que preguntarse qué es lo que hace que las personas decidan formar o unirse a un grupo o grupos.

Entre esas razones se podrán encontrar las siguientes:

- Tener necesidades en común
- Cuando se comparten intereses comunes
- Para alcanzar metas en común
- Por proximidad física
- Disponer de similitudes culturales
- Por razones de seguridad
- Reconocimiento y estatus
- Desarrollar la autoestima
- Para obtener poder

Por otro lado, el grupo es un elemento dinamizador de los procesos sociales e interpersonales que permiten ofrecer oportunidades para la interacción social, pero cada grupo será diferente y actuará según las circunstancias y las características individuales de las personas que la integran.

En los grupos se podrán encontrar diferentes situaciones, generadas por la personalidad de cada uno de sus integrantes.

A continuación, se describen distintas conductas individuales y sugerencias de cómo tratarlas para un buen funcionamiento del mismo:

a. Quién siempre realiza preguntas, con el objetivo de hacerse notar o hacer prevalecer su opinión.
   Conviene que no sea siempre la misma persona quién le conteste (moderador/a u otra), intentando que le respondan los demás.
b. La persona terca, que no entiende de razones y no tiene intención de aprender nada de los demás.
   Hacerle entender que no siempre se lleva la razón, que hay momentos en los que debe aceptar el punto de vista de la mayoría y posteriormente discutir lo de él.
c. Él/la que se calla voluntariamente, bien porque ya lo sabe o bien porque se siente muy bajo en el tema y no se atreve a participar.
   Animarle a participar, diciéndole la importancia de sus aportaciones al grupo y hacerle preguntas directas y sencillas para saber si ha entendido de lo que se está tratando.

d. La persona tímida, con ideas y opinión pero que no se atreve a plantearlas. Ayudarle a participar, con preguntas fáciles, de forma que vaya ganando confianza en sí mismo/a.
e. La persona que habla todo el tiempo, de un modo "pesado". Cuando se desvié del tema, cortarle inmediatamente con cortesía para poder terminar la tarea y dejar participar a los demás.
f. La persona que está ausente o no se entere de nada y que suele interpretar de manera muy personal las decisiones tomadas en el grupo. Intentar que verbalice sus opiniones y las decisiones alcanzadas para ver si coinciden con las del resto del grupo.
g. La persona que se fija siempre en los pequeños detalles y no deja avanzar al grupo. Hacerle ver que hay determinadas situaciones en que es necesario concretar y ponerse de acuerdo en las grandes líneas, los detalles son importantes pero no tanto.
h. La persona que habla poco pero de un modo sólido y profundo y que no suele perder el tiempo en banalidades. No permitir que los demás se sientan juzgados por ella, su opinión es importante, pero igual de válida que las de los demás.
i. La persona simpática, que suele hacer reír con el comentario cómico. Hace que el funcionamiento del grupo sea ameno y agradable, pero si se hacen muy intensas puede interferir más que ayudar.
j. La persona que siempre recurre a la experiencia vivida y proporciona ejemplos simples y del día a día. Proporciona sensatez al grupo, pero hay que tener cuidado de no quedarse en soluciones simplistas en casos particulares.
k. La persona optimista, que siempre encuentra el lado positivo de las cosas. Hacerle ver que sus aportaciones suelen servir de gran ayuda, pero en determinadas situaciones es necesario analizar los aspectos negativos para solucionarlos y que no se vuelvan a repetir.

Recuerde

En las dinámicas grupales, igual de importante es la influencia de las características individuales de quienes la integran como las aportaciones que el grupo realiza sobre sus participantes y la consecución de las metas e intereses individuales y grupales.

Actividades

1. ¿En cuántos grupos participa? ¿En cuáles le gustaría participar?
2. Busque en internet y defina el concepto de coeducación.
3. ¿En qué consiste la técnica participativa "la pecera"?
4. ¿Cuáles son las cuatro fases del método acción-reflexión?

3. Procesos de identidad compartida de hombres y mujeres

Cuando se habla de identidad se hace referencia a la definición que cada persona hace de sí mismo en relación a otras, es decir, la persona toma conciencia de lo que es como persona y a la vez como se convive con otras personas, se reconoce como miembro de otros grupos. El proceso de construcción se realiza a lo largo de toda la vida, aunque haya etapas más determinantes como la adolescencia.

3.1. Identidad de género

La identidad de género es el sentimiento de pertenencia al sexo femenino o al sexo masculino de una persona, que se va construyendo sobre la subjetividad, las experiencias propias y los modelos de género en la sociedad.

Modelos que según la cultura o la época determinan el comportamiento ideal de hombres y mujeres.

El proceso de construcción de la identidad compartida de mujeres y hombres se basa por tanto en valores que corresponden a modelos de comportamiento que la sociedad acepta como legítimos y predominantes.

El modelo predominante de identidades de género establece ciertas normas que fijan las conductas de hombres y mujeres, los espacios, lo permitido y lo prohibido, en definitiva qué es lo que se entiende por masculino y por femenino.

Ejemplo

Los hombres tienen que demostrar constantemente su masculinidad y a las mujeres se les presupone un deseo natural de tener hijos.

Evidentemente, este modelo de género imperante, adopta múltiples formas de llevarlo a la práctica, pues cada realidad de hombres y mujeres es diferente y cada contexto influye de una manera u otra.

Además, son muchos los avances conseguidos en materia de legislación, coeducación, prevención de la violencia de género, la igualdad de oportunidades en el acceso y mantenimiento de un puesto de trabajo, el movimiento de Hombres por la Igualdad, etc.

Definición

Hombres por la Igualdad
Es un movimiento que pretende el cambio personal de los hombres hacia posiciones más igualitarias. En él se reconoce que a los hombres se les sitúan en una situación de ventaja por el mero hecho de serlo, estando dispuesto a perder privilegios para ganar en igualdad.

Aun así en la mayoría de las sociedades y contextos culturales, las relaciones de género y las definiciones de lo femenino y masculino sitúan a las mujeres en una situación de inferioridad y/o subordinación respecto a la de los hombres.

En el siguiente cuadro se enumeran una serie de características que definen el modelo predominante de identidades de género (el deber ser) (Fritz, H. y Valdés, T., 2006).

	Femenino/mujer	Masculino/hombre
Roles	Madre - esposa Objeto Ser para otros Trabajo reproductivo	Proveedor Sujeto Ser para sí Trabajo remunerado
Espacios	Ámbito privado Esfera del cuidado Naturaleza	Ámbito público Esfera del mercado Cultura
Estereotipos	Dependiente Pasiva Emocional Flexible	Independiente Activo Racional Enfocado
Valoración social	Menor valoración Menor acceso a posiciones de poder Restricciones en la toma de decisiones	Mayor valoración Predomino en posiciones de poder Mayor acceso a toma de decisiones

4. Modelos de referencia atendiendo a los roles y estereotipos de género y otras variables sociodemográficas

En la construcción de las identidades influye tanto la naturaleza como la cultura o sociedad en la que se vive. Se nace mujer o se nace hombre, el sexo viene determinado por naturaleza. Y en función del sexo, la sociedad y la cultura influye en las personas atribuyendo a unas lo femenino y a otros lo masculino.

El sexo se refiere a las diferencias biológicas (anatómicas y fisiológicas) entre mujeres y hombres. Estas diferencias son iguales para todas las personas y coinciden en todo tiempo y cultura. El género es la construcción cultural creada a partir de las diferencias biológicas que vienen determinadas por el sexo.

Y en esa construcción cultural se asignan aptitudes, roles sociales y actitudes diferenciadas para hombres y mujeres.

Es decir, el sexo determina el género, pero eso no quiere decir que sean sinónimos, como en muchas ocasiones se utiliza.

Lo femenino y masculino son construcciones culturales, que asignan funciones, tareas y responsabilidades a hombres y mujeres con la finalidad de mantener la hegemonía de los hombres en los órganos de poder y preservar las situaciones de dependencia de las mujeres respecto de los hombres, llegando incluso a determinar que mujeres y hombres no tengan las mismas oportunidades personales y profesionales.

En el proceso de socialización, se aprenden una serie de comportamientos admitidos y apropiados como femeninos y/o masculinos, contribuyendo o no a la inserción en la sociedad a la que se pertenece como miembros.

Definición

Socialización

Es el proceso mediante el cual las personas aprenden e interiorizan los valores y las normas de la sociedad y cultura a la que pertenecen. A través de él se obtienen una serie de capacidades y actitudes necesarias para relacionarse con las demás personas y grupos.

La sociedad intenta que las personas que la integran asuman los roles asignados, parcelando las diversas funciones y repartiéndolas entre hombres y mujeres en función de su sexo.

4.1. Roles y estereotipos de género

Los roles de género son los que están relacionados inherentemente con las tareas, funciones y conductas que tradicionalmente se han atribuido a un sexo como propio, y se aprenden e interiorizan a través de las instituciones y mecanismos que operan en el proceso de socialización (López González y García de la Calera, 2007).

En el siguiente cuadro se observa una serie de roles femeninos y masculinos, que tradicionalmente se le han atribuido a mujeres y hombres, y que actualmente se siguen asignando, aunque en menor medida.

ROLES FEMENINOS	ROLES MASCULINOS
(Ámbito privado, trabajo doméstico y crianza)	(Ámbito de lo público, trabajo fuera del hogar)
- Limpieza - Ropa - Comida - Cuidado de menores, personas ancianas y enfermas	- Aportar dinero a la economía familiar - Prestigio del trabajo fuera del hogar - Desarrollar sus capacidades en un ámbito ajeno al doméstico

Estos roles provocan la aparición de los llamados estereotipos de género, que responden a modelos, valores, comportamientos y actitudes determinados por el sexo de las personas, sin tener en cuenta sus características personales.

El valor que se les concede a los estereotipos no es el mismo si se trata de los atribuidos a los hombres (los masculinos), valorados positivamente, que los atribuidos a las mujeres (los femeninos), que suelen estar socialmente más devaluados.

La sociedad aún está influenciada por estereotipos que se forman y mantienen a través de la socialización, y establecen conductas diferentes en niños y niñas referentes a lo que es obligado, permitido y prohibido, como pueden verse reflejados en el siguiente cuadro.

De un niño se espera que sea:	Fuerte - **lo obligado** Agresivo o comprensivo - **lo permitido** Miedoso o sensible - **lo prohibido**
De una niña se espera que sea:	Sensible y abnegada - **lo obligado** Frágil - **lo permitido** Agresiva - **lo prohibido**

Las personas van asimilando e incorporando esos valores y comportamientos que la sociedad en la que nacen les proporciona.

Una vez aprendidos estos roles y estereotipos, ya sea de forma individual o colectiva, se transmiten bien enseñándolos a los descendientes o bien adaptándose a las expectativas que sobre ellos tienen el resto de la sociedad.

Los modelos de referencia no solo dependen del género, también existen otras variables como pueden ser la clase social, la etnia, la raza y la generación.

Cuando las personas o colectivos interrelacionan entre sí además de tener en cuenta el género también es importante valorar su participación en ciertas culturas y tradiciones, su ubicación en el mercado de trabajo, su nivel y forma de acceso al capital y al consumo, su educación, sus identidades, etc.

De modo que el contexto de análisis siempre debe considerar esta multiplicidad y complejidad de la realidad social.

En la siguiente tabla se enumeran imágenes estereotipadas de género de hombres y mujeres (López Méndez, 2007).

HOMBRES	MUJERES
Los hombres fuertes, potentes, violentos e insensibles.	Las mujeres infantilizadas.
Los hombres como seres siempre activos y protagonistas.	Las mujeres en actitud pasiva.
Los hombres nobles, coherentes, racionales y valientes.	Las mujeres ausentes en los roles productivos.
Los hombres responsables de la política, productores de la ciencia y la tecnología.	Las mujeres vinculadas a sus roles reproductivos.
Los hombres deportistas y arriesgados.	Las mujeres fuera de la tecnología.
Los hombres desentendidos de las tareas domésticas y de cuidado.	Las mujeres como seguidoras de la política.
Los hombres responsables del mantenimiento del hogar.	Las mujeres como instrumento de políticas de bienestar.
Los hombres en el espacio público.	Las mujeres como víctimas.
Los hombres como únicos representantes de la autoridad.	Las mujeres en el hogar o lugares cerrados.

4.2. Nuevos modelos de referencia

Los cambios sociales que se están produciendo (aprobación de leyes como la ley para la igualdad efectiva de mujeres y hombres o la ley de salud sexual y reproductiva y de la interrupción voluntaria del embarazo; reconocimiento de las parejas homosexuales, la labor de coeducación que se realiza en los centros educativos, etc.), hacen que se vayan cambiando ciertos valores y estereotipos de género.

Cada vez más, hombres y mujeres empiezan a diversificar su contribución al mundo laboral, ocupando cargos y desarrollando actividades y ocupaciones tradicionalmente asignadas a hombres y mujeres, pero sin olvidar que ese recorrido que las mujeres han realizado desde el ámbito privado al público, no está siendo recorrido con la misma intensidad por los hombres en sentido contrario.

Es necesario poner en valor nuevos patrones de comportamiento asociados al género cuyo fin sea reducir las diferencias entre hombres y mujeres, y que la mayor parte de la sociedad se comporte y piense bajo estos valores.

Esto solo será posible a través de un proceso de habituación a nuevos modelos de comportamiento, es preciso normalizar las nuevas ideas, creencias y concepciones sobre los papeles que hoy en día interpretan hombres y mujeres.

Actuaciones como las siguientes ayudarán a poner en valor nuevos modelos de referencia de hombres y mujeres comprometidos por la igualdad:

- Impulso de medidas para la conciliación de la vida personal, familiar y laboral, construida desde criterios de corresponsabilidad social.
- Una distribución más equitativa de los espacios y de los usos del tiempo por parte de mujeres y hombres.
- Mayor reparto de las tareas del hogar.
- Lucha contra la violencia de género y todas las formas de abuso, ataque a la dignidad y libertad de las mujeres y más sensibilización y prevención de la violencia de género entre adolescentes.
- Eliminación de las desigualdades entre mujeres y hombres en las relaciones laborales y el mercado laboral.
- Reconocimiento del derecho y deber de cuidar y recibir los cuidados adecuados a cada momento del itinerario de vida de las personas.
- Sensibilización para la erradicación de la prostitución.
- Apoyo a las mujeres en los ámbitos de la creatividad, el conocimiento y la investigación científica.
- Reconocimientos en el ejercicio de la maternidad y la paternidad responsables en un marco estratégico para el equilibrio de los permisos y derechos asociados.

- Apoyo a las iniciativas emprendedoras de las mujeres y de la presencia de mujeres en los puestos de responsabilidad del ámbito empresarial y económico.

Actividades

5. ¿Cómo limitan los estereotipos de género a hombres y mujeres?
6. ¿Qué conlleva que hombres y mujeres no hayan hecho el mismo recorrido desde el ámbito público al privado y viceversa?
7. ¿Qué otras actuaciones se le ocurren que contribuyan a crear nuevos patrones de comportamiento asociados al género?

5. Cuestionamiento y transformación del orden de género vigente por parte de los grupos. Liderazgos en el seno de un grupo

Se deberá tener presente que cualquier proceso de cambio en la forma de vivir el género pasa necesariamente por una crisis, es decir, por un cambio profundo, en el que se toma conciencia de que el género puede afectar o limitar las oportunidades de desarrollo personal y social.

Desde la escuela, la familia, los grupos de iguales, las redes sociales, los medios de comunicación, las asociaciones, etc., se podrá apoyar este cuestionamiento del género vigente, pero sin olvidar que cualquier cambio de género implica un proceso de cambio interno, cuyo ritmo y características es específico de cada persona.

Por lo tanto, cuestionar y transformar el orden de género vigente significa realizar un análisis de género que permita conocer, comprender y visibilizar las diferencias y desigualdades de género y posteriormente actuar sobre ellos para avanzar en igualdad de oportunidades.

Esa actuación implica en definitiva:

- Impulsar programas y proyectos desde el enfoque de género: diseño y evaluación de políticas de género, acciones de sensibilización y formación, etc.
- Atender intereses estratégicos y promover el empoderamiento, y no quedarse en las necesidades prácticas e inmediatas.
  Por ejemplo, las necesidades prácticas están relacionadas con las condiciones de vida, como el cuidado de los niños y las niñas y no altera el equilibrio de poder y posición entre las mujeres y los hombres; y los intereses estratégicos se refiere a la igualdad en la toma de decisiones, a la distribución igualitaria de la responsabilidad sobre las tareas domésticas y familiares o a la igualdad de salarios.
- Promover una participación paritaria de mujeres y hombres a todos los niveles: político, social, económico, cultural, laboral, etc.
- Aplicar acciones positivas, que permiten contrarrestar o corregir aquellas discriminaciones originadas por las prácticas o sistemas sociales del sistema patriarcal aún vigente.

Importante

Cuestionar el orden de género pasa por cambiar comportamientos, roles y especialmente sentimientos, que dependen no solo del grupo o la realidad que rodea a la persona, sino también de la propia voluntad personal.

5.1. Los liderazgos

A las personas líderes se les suele considerar personas carismáticas que tienen una enorme influencia sobre los grupos, y con gran capacidad de lograr las metas que se proponen.

El liderazgo no pertenece como en muchas ocasiones se tenderá a pensar a unos pocos escogidos, es algo bastante más natural y extendido, estando presente en todas las relaciones humanas y grupos a los que se pertenece, como la familia, el grupo de iguales, la comunidad, las asociaciones, el trabajo.

El **liderazgo femenino** se ha ejercido y se ejerce a través de la participación en los movimientos feministas, sociales y políticos con el objeto de poner en marcha actuaciones a favor del desarrollo y la emancipación de las mujeres.

Ejemplo

Rigoberta Menchú, se convirtió en la primera indígena y la mujer más joven en recibir el Premio Nobel de la Paz. Creó una fundación que lleva su nombre y en la que se gestionan distintos programas educativos, juveniles y medioambiente.

Según Rosa Escapa Garrachón y Luz Martínez Ten (2009), el liderazgo ejercido por mujeres feministas se caracteriza por:

- Tener capacidad de transformar, desde una perspectiva de género, las normas y la cultura de relación.
- Ser más cooperativo, flexible, dialogante y creativo que el de los hombres.
- Ser una apuesta ideológica. Para tratar de implementar nuevos valores en aquellos grupos donde lo ejercen, no solo es importante conseguir el objetivo sino también la forma en la que se consigue.
- Implicar una visión innovadora, donde se resalta la importancia de la comunicación, la creación de redes, las relaciones interpersonales y la participación.

Aunque existen personas especialmente cualificadas para el liderazgo, también se deberá tener en cuenta que el **liderazgo** se aprende, entrenando en habilidades y técnicas para la comunicación, planificación y visión estratégica, diseño de proyectos, dirección de organizaciones y coordinación de equipos.

Cualidades necesarias para ejercer el liderazgo

CUALIDADES PARA LIDERAR		
Capacidad para atraer	**Capacidad para pensar**	**Capacidad para escuchar**
Entusiasmar, mostrar confianza en las metas a alcanzar	Resolver problemas de forma creativa e innovadora	Entender e integrar individualmente a todas las personas

5.2. Intervención grupal con perspectiva de género

En primer lugar, y como ya se ha explicado en el capítulo 1, cuando se plantea una actuación (plan, programa, proyecto o tarea) con perspectiva de género, se debe incluir desde el principio en el que se diseña la intervención grupal, así como en su posterior ejecución y evaluación.

A continuación, se proporcionan una serie de indicaciones generales:

1. Realizar un análisis de género del grupo, en el que se pongan de manifiesto las identidades de género, es decir, cómo vive, siente y valora cada integrante del grupo su propio género y del otro.
2. Tener presente los roles de género desempeñados por hombres y mujeres en el seno del grupo, no prejuzgándolos, ni considerando la experiencia y aportaciones masculinas como válida para todos los participantes y reconociendo las dificultades de la conciliación de la vida familiar, personal y laboral tanto en hombres como mujeres.
3. Identificar necesidades, intereses, prioridades y problemas específicos de las mujeres y los hombres, a través de la utilización de metodologías participativas desde la perspectiva de género.
4. Incluir estrategias para superar las barreras a la participación, organizando actividades de forma que mujeres y hombres tengan la oportunidad de participar, como puede ser la duración de la formación, medios de transporte, cuidado de niños y niñas, etc.
5. Prever mecanismos para la resolución de posibles conflictos.

6. Evitar un uso sexista del lenguaje y de imágenes sexistas.
7. No reproducir estereotipos relativos al sexo de las personas.
8. Realizar un análisis del impacto de la intervención grupal en las identidades y roles de género. Es decir, valorar si se han producido cambios positivos en la autopercepción de género, si se producen menos actitudes sexistas en las relaciones entre los miembros del grupo, o si se han flexibilizado los roles de género.

Nota

Hoy en día, se habla más de corresponsabilidad que de conciliación, lo que significa ir un poco más allá. Lo que implica una actitud más sensible no solo de mujeres y hombres, sino también de las organizaciones, escuelas, administraciones públicas, empresas, servicios de apoyo a la inserción laboral, etc.

Técnicas y dinámicas para intervenir desde la perspectiva de género

A continuación se detallan tres técnicas para intervenir desde la perspectiva de género, desde el punto de vista de la cohesión grupal y de la resolución de conflictos:

- De presentación y cohesión grupal:
  - **Temores, dudas y expectativas:** esta técnica brinda la oportunidad para ver cómo afectan los roles de género en la autoestima de las personas. Se divide el grupo en dos, uno de mujeres y otro de hombres y se realiza un cuestionario con preguntas del tipo: ¿para qué hace el curso? ¿Qué quiere aprender en este tiempo para salir satisfecho/a? Y posteriormente se debate sobre las diferentes respuestas dadas por los dos grupos. En ese debate es fundamental plantear cuestiones como las siguientes: ¿son las mismas cuestiones las que preocupan

a mujeres y a hombres? ¿Hay diferencias entre las expectativas del grupo de mujeres y el grupo de hombres?

- **Lluvia positiva:** sirve para fomentar un ambiente positivo entre las y los participantes y favorecer el reconocimiento de ambos sexos desde el respeto a las diferencias. Se pide a cada participante que escriba una cualidad o aspecto positivo de sus compañeros/as desde su condición de mujer u hombre, facilitando así el análisis de los estereotipos y roles de género. Posteriormente se reparte a cada cual los papeles con los que han escrito de ellas y ellos para que los lean y compartan con el grupo si lo desean. El ejercicio debe terminar comentando los participantes aquello que más les llame la atención tanto de lo que pretende la técnica como de lo que se ha escrito.

- De resolución de conflictos:

  - **Dialogando en mi comunidad:** con esta técnica se pretende fomentar la participación de mujeres y hombres en la realidad que les rodea, el barrio, las asociaciones, etc. A través de ejemplos concretos de personas que participan activamente en las asociaciones, ONG, etc., los y las participantes ven la necesidad y los beneficios de tener información sobre lo que pasa alrededor y así participar de ello. Una vez analizados los ejemplos, se deben plantear cuestiones como las siguientes: ¿qué quieren conseguir a través de estas formas de participación? ¿Cree que de esta manera será más fácil conseguir lo que se proponen? Y posteriormente analizar individualmente la participación de cada miembro del grupo con preguntas como: ¿qué cosas haría yo? ¿Para qué lo haría? ¿Cómo lo haría?

Actividades

8. ¿Cree que se es capaz de influir con las propias creencias y valores en la sociedad? Ponga algún ejemplo personal.
9. Ponga un ejemplo de acción positiva relacionada con el ámbito del empleo.

Continúa en página siguiente >>

<< Viene de página anterior

10. ¿Piensa qué es igual apoyar la voluntad de las mujeres que deciden romper los roles de género para integrase en sectores ocupacionales masculinizados que apoyar a mujeres que no son capaces de enfrentar y denunciar la violencia de género? Justifique la respuesta.

Aplicación práctica

Como dinamizador/a de un grupo mixto formado por 15 participantes, se ha planteado analizar las desigualdades de género del grupo y compartir experiencias grupales que les puedan ayudar a cuestionar problemas aparentemente superados. ¿Cómo lo haría?

SOLUCIÓN (Posible solución)

Le pediría que describan algunas cosas que les gustan de su género y otras que les gustaría del otro género, realizando posteriormente un debate en el que se analizarán los roles y estereotipos de género presentes en el grupo.

Lo que me gusta de ser mujer u hombre y lo que me gustaría del otro género

	Hombres	Mujeres
Me gusta		
Me gustaría		

6. Procesos de localización y gestión de conflictos grupales asociados a las relaciones de género

Los conflictos son escenarios, en los que un grupo de personas se encuentran en una situación de oposición o desacuerdo, debido a que sus puntos de vista, necesidades, intereses, demandas o valores son percibidos como incompatibles.

En el proceso de creación de un conflicto, juegan un papel fundamental las emociones y los sentimientos, siendo el proceso de resolución del mismo o bien un empeoramiento de las relaciones entre las partes implicadas o bien un fortalecimiento.

Es necesario por tanto adoptar una **actitud constructiva** ante los conflictos, eso ayudará a comprender el porqué de su aparición, qué componentes lo forman y a poner en marcha estrategias para resolverlo de un modo pacífico y nunca violento.

A continuación, se presenta un esquema a la hora de resolver un conflicto:

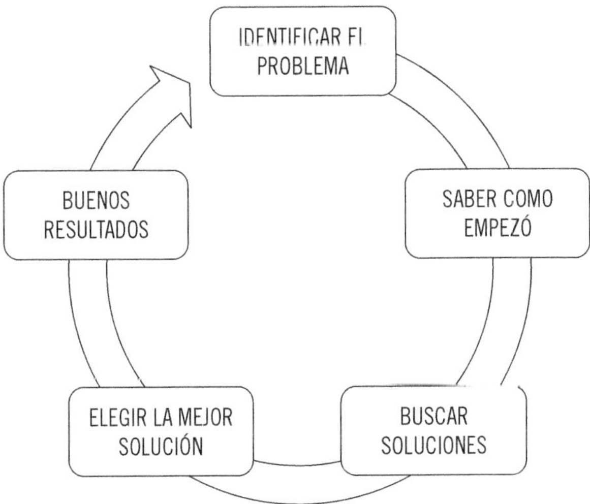

Lo primero es identificar y definir con precisión el problema, centrándose en él y no en los elementos que se pueden ir añadiendo posteriormente. A continuación, es fundamental recabar información de todas las partes y saber cómo empezó exactamente.

Seguidamente es necesario generar alternativas y buscar soluciones, buscando la participación de todas las partes implicadas en la solución del mismo.

Finalmente hay que buscar el consenso y elegir la mejor solución, evaluando siempre los resultados.

Sin duda la negociación es la forma más habitual y adecuada para la resolución de conflictos.

6.1. El conflicto desde la perspectiva de género

Los conflictos relacionados con el género vienen derivados de los clásicos roles que durante siglos desempeñaron hombres y mujeres y que hoy en día aún se siguen produciendo, pero en menor medida.

Se han producido fuertes cambios sociales, económicos, científicos que también han afectado a las relaciones de género y a entender de manera distinta lo femenino y lo masculino.

Se debe entender el conflicto como una muestra de la diversidad de posibilidades del ser humano, y a partir de la cual se puede producir un cambio personal y social enriquecedor y basado en la igualdad de oportunidades para mujeres y hombres.

Las mujeres han ido poco a poco aumentando su participación pública, lo que ha supuesto un cambio en sus intereses, conocimientos y cultura. Sus proyectos vitales no solo se centran ya en lo doméstico y privado, también en el espacio público.

Nota

El movimiento feminista ha sido determinante en este cambio y ha contribuido en el desarrollo de los derechos de la mujer respecto al empleo, la educación, la participación política, etc.

Son muchos por lo tanto, los escenarios donde pueden surgir conflictos relacionados con el género, desde el ámbito privado como el reparto equitativo de tareas domésticas, la educación de las hijas e hijos, etc.; o en el ámbito público como en el acceso y desempeño de un puesto de trabajo, en la composición de los equipo de dirección de las empresas, en la elección de los cargos representativos de los partidos políticos, etc.

Los conflictos grupales asociados a las relaciones de género suelen ser conflictos relacionados con los valores culturales aprendidos, con las ideas y hábitos adquiridos desde muy temprana edad y que por lo tanto están muy interiorizados en uno mismo y son difíciles de afrontar.

Y aunque cada escenario y actores son diferentes, la forma más adecuada y satisfactoria para resolverlos es la utilización de conductas asertivas y eficaces, que generen respuestas claras y sin vacilaciones.

Importante

Aprender técnicas asertivas es una forma de reforzar la confianza en uno/a mismo/a y resolver con éxito situaciones de discriminación de la vida política y personal.

Conductas a adoptar ante un conflicto

Existen tres tipos de conductas ante un conflicto, la conducta pasiva, la conducta agresiva o la conducta asertiva.

Conducta pasiva

Cuando alguien actúa de forma pasiva no se expresa a sí mismo. Deja que las demás personas le digan lo que tiene que hacer y, generalmente, no defiende sus propios derechos. Por regla general, sus necesidades, opiniones o sentimientos son desconocidos. En el grupo, los miembros de estilo pasivo no expresan sus opiniones, dejan de intervenir y no son capaces de conseguir aquello que quieren.

En la socialización de las niñas premian en muchas ocasiones las conductas pasivas y obedientes. Conductas que en un futuro pueden actuar como barreras en las elecciones profesionales y en los comportamientos sociales.

Conducta agresiva

Las personas con este estilo solo se preocupan por conseguir lo que ellos/as desean y cuando ellos/as quieren, rara vez se preocupan por los sentimientos de los demás. En el grupo, los miembros que utilicen este estilo tratarán de defender y afirmar su mensaje por encima de los demás.

Cuando se educa a las personas para adoptar conductas pasivas, obedientes y de sometimiento, puede ocurrir todo lo contrario y decidir comportarse de un modo más enérgico, más agresivo.

Actualmente hay mujeres que han adoptado esta conducta de supervivencia y copian los modos agresivos de conducta, en áreas como la política o el empleo. Esta conducta responde al objetivo de sobrevivir y competir para no ser sometida y conlleva además mostrar poca comprensión hacia otras mujeres que todavía están en el camino.

Conducta asertiva

Ser asertivo/a implica transmitir a las demás personas lo que se piensa y se siente sin ofender y le permite además mostrarse tal y como se es.

En un grupo, los miembros saben lo que quieren y así lo expresan, pero teniendo en cuenta a los demás.

Las mujeres asertivas son buenas lideresas, adquieren confianza en sí mismas y son respetadas por las demás personas; actúan desde el sentido común y la coherencia.

Las conductas asertivas permiten comunicar de forma más clara y expresar las necesidades e intereses sin agredir a las demás personas.

Ayuda a decir no a lo que no se desea, a no tener miedo a los riesgos, a hacer y recibir las críticas justas, a separar los hechos de las opiniones. Permite por tanto actuar con libertad en el ámbito privado y público y trabajar por un modelo de sociedad justo, igualitario y solidario en el que caben hombres y mujeres diferentes.

A continuación, se describen algunas características, estilos de comunicación y solución de problemas y aspectos de la comunicación tanto verbal como no verbal que ayudan a adoptar una conducta asertiva.

Características	Estilo de comunicación	Estilo de solución de problemas
- No enjuicia ni etiqueta. - Cree en sí y en otros. - Confiado/a. - Abierto/a, flexible, versátil. - Con sentido del humor.	- Efectivo, sabe escuchar. - Establece límites. - Clarifica expectativas. - Establece observaciones, no juicios. - Se expresa de manera directa acerca de sus sentimientos y de lo que quiere. - Considera los sentimientos de los demás.	- Negocia. - Confronta el problema cuando sucede. - No deja que los sentimientos negativos se apoderen de él/ella.

Comunicación verbal	Comunicación no verbal
- Lenguaje directo, sin ambigüedades. - No evalúa la conducta de los demás. - Uso de la palabra "yo" y afirmaciones cooperativas de "nosotros/as". - Pregunta por alternativas. - Expresa sus deseos y lo que piensa.	- Buen contacto visual. - Postura relajada y firme. - Voz fuerte, firme y audible. - Expresión facial y tono apropiados al mensaje. - Se asegura de la comprensión del mensaje.

Técnicas de dominación

A continuación, se presentan una serie de comportamientos y actitudes que se producen en el seno de un grupo y que pueden generar conflictos relacionados con el género, y que a veces no son fáciles de identificar y por lo tanto de reaccionar de una forma asertiva para defender sus derechos.

Ridiculizar

Se hace mediante la utilización de chistes, dibujos, gráficos que contribuyen a fortalecer actitudes arraigadas. Hay situaciones en las que se ridiculiza a una mujer de forma individual o colectivamente mediante bromas o representaciones cómicas (por ejemplo relacionados con el físico: pechos, piernas), que en esa misma situación casi nunca se utiliza para los hombres.

Importante

La actitud de las mujeres en estas situaciones debe pasar por no participar nunca de este tipo de descalificaciones ni permitir que se produzcan en su presencia.

Sentirse invisible

Existen situaciones tanto en el ámbito privado (reunión familiar o entre amigos), como en el ámbito público (reunión de trabajo), en las que se hace sentir invisible a la mujer con actitudes como las siguientes:

- Nadie comenta o se interesa por lo que has dicho.
- No le dejan intervenir, interrumpiéndola continuamente.
- Cuando empieza a hablar, algunas personas comienzan a mirar móvil, bostezar, consultar el reloj, levantarse, etc.

- Asuntos o temas que proponen no se toman en cuenta o se pasan a otros asuntos rápidamente.
- En ciertas reuniones de trabajo o privadas no requieren su presencia.
- Quien dirige una reunión pasa de largo cuando ha pedido la palabra.

Siempre que ocurra algunas de estas situaciones es imprescindible reivindicar la propia presencia y/o de las demás mujeres presentes. Para eso, habrá que detener el discurso y buscar la atención de las demás personas cuantas veces haga falta, o incluir o retomar los temas de interés tantas veces sea necesario, apoyándose en las demás compañeras.

Es preciso sacar de la invisibilidad histórica a las mujeres y sus aportaciones.

Sabía que...

Ada Lovelace (1815-1852) fue la primera mujer programadora en crear el primer programa informático de la historia.

Proposiciones piratas

En ocasiones las mujeres proponen ideas o actuaciones que no se tienen en cuenta, comprobando posteriormente como hay hombres que las enuncian como propias y que además reciben la aprobación y reconocimiento de los demás.

En esta situación nunca se debe optar por quedarse callada, pues esta reacción pasiva afectará negativamente a la autoestima, provocando sentimientos de frustración y resentimiento.

Todo lo contrario, las mujeres deben defender sus puntos de vista, reivindicar que esa idea o actuación fue originalmente suya y apoyarse mutuamente entre ellas.

Menosprecios

Los menosprecios suceden cuando una mujer es subestimada o incluso insultada, bajo una apariencia cariñosa o paternalista. Comentarios como los siguientes: *Mira, tú no entiendes...; Te contradices... ¿No eres capaz de entender una broma, niña/compañera?; ¿Qué guapa te pones cuando te enfadas?* No deben ser permitidos, y hacerle ver a quien/es los enuncia que quizás no han escuchado o entendido como debiera, porque aunque pueda parecer una actitud cariñosa, todas estas expresiones sirven para neutralizar y desarmar a las mujeres.

Interrupciones

Cuando en una situación grupal hay hombres que monopolizan las conversaciones con largos discursos, es recomendable redistribuir los tiempos de intervención para que todas las personas puedan participar y expresar sus ideas y opiniones en igualdad de condiciones.

Por lo que cuando se produzca una interrupción, debe hacerse entender que no se ha terminado aún la exposición, o si hay otras personas charlando mientras se interviene, debe detenerse y hacerles ver que están molestando.

Actividades

11. ¿Cuáles son los pasos para resolver un conflicto?
12. Lea y reflexione sobre el siguiente enunciado:

Ante un obstáculo al que se acercan un niño y una niña, a él se le dice: "salta, que tú puedes" y a ella: "ten cuidado hija que te puedes caer".

Continúa en página siguiente >>

<< Viene de página anterior

- ¿Está de acuerdo con esta afirmación?
- ¿Cree que aún sigue transmitiéndose esos mensajes diferentes a niños y niñas?

Aplicación práctica

Como presidenta de la Federación Local de Asociación de Vecinos y Vecinas de su barrio, ha convocado una reunión para decidir cuáles son las necesidades más urgentes de las personas mayores del municipio que trasladará en la próxima reunión del Consejo Local de Bienestar Social del Ayuntamiento de su ciudad.

En dicha reunión intervienen diferentes representantes de las asociaciones, en total participan 6 hombres y una mujer.

Durante el transcurso de la misma, se producen varias interrupciones cuando está interviniendo, y alguna que otra broma sobre el aspecto físico de la otra mujer presente en la reunión.

Ante esta situación, ¿qué conducta se debe adoptar?

SOLUCIÓN

Una conducta asertiva que le permita transmitir a los demás lo que siente y piensa sin ofender, pero que al mismo tiempo le permita expresarse.

No debe permitir que la reunión transcurra de ese modo, pues al final solo se plantearán los problemas de las personas mayores de una forma sesgada, sin tener en cuenta todas las aportaciones.

Debe cortar y no permitir ningún tipo de broma o menosprecio sobre la otra mujer asistente, invitándole a salir de la reunión si se volviese a repetir esa situación.

Y por supuesto debe saber escuchar a todas las personas asistentes, estableciendo los límites oportunos, mostrándose de una forma flexible, con voz fuerte y firme, y asegurándose que se comprende toda la información y decisiones adoptadas.

---

7. Resumen

Se ha podido aprender a diseñar intervenciones grupales con perspectiva de género, a través de la utilización de técnicas participativas, con el objetivo de detectar nuevas metas e intereses grupales.

Es importante conocer como la sociedad y la cultura en la que se vive determina qué es lo que se entiende por masculino y femenino y como en base a esos modelos se les atribuyen una serie de roles y estereotipos de género que condicionan las relaciones entre hombres y mujeres.

Es necesario por tanto un cambio que cuestione el modelo imperante y que permita conocer, comprender y visibilizar las diferencias y desigualdades de género y posteriormente actuar sobre ellos para avanzar en igualdad de oportunidades.

Ejercer un liderazgo más cooperativo, flexible y creativo y resaltar la importancia de resolver los conflictos mediante conductas asertivas que no permitan ridiculizar y hacer sentir invisibles a las mujeres.

Ejercicios de repaso y autoevaluación

1. Busque en la siguiente sopa de letras las etapas que recorren los grupos en su evolución.

F	S	A	E	N	R	E	S
L	E	G	S	M	E	I	O
E	M	O	U	A	I	E	M
X	T	T	C	D	N	A	I
I	A	A	J	U	S	T	E
N	Z	M	A	R	U	O	L
I	D	I	J	E	S	A	I
C	S	E	U	Z	I	M	C
I	F	N	B	R	V	Z	I
O	V	T	D	I	A	D	O
U	B	O	S	F	E	R	N

2. El método investigación acción-reflexión...

a. ... considera a los participantes poseedores de recursos.
b. ... propicia espacios para el intercambio de experiencias.
c. ... se basa exclusivamente en técnicas participativas.
d. ... se desarrolla a partir de la participación activa de la comunidad.

3. **Señale si las siguientes afirmaciones son verdaderas o falsas.**

   a. Si en el grupo hay una persona tímida que no se atreve a expresar su opinión, habría que intentar que verbalice sus opiniones y ver si coinciden con las del grupo.

      ☐ Verdadero
      ☐ Falso

   b. La persona que siempre se fija en los pequeños detalles debe comprender que a veces es necesario concretar y dejar avanzar al grupo.

      ☐ Verdadero
      ☐ Falso

   c. La persona optimista hace que el funcionamiento del grupo sea ameno y agradable.

      ☐ Verdadero
      ☐ Falso

4. **¿Qué es el movimiento de Hombres por la Igualdad?**

   ____
   ____
   ____
   ____

5. **Relacione las siguientes categorías con su significado.**

   a. Roles
   b. Espacios
   c. Estereotipos

   __ Ámbito privado y público
   __ Madre–esposa o proveedor
   __ Dependiente–independiente

6. ¿Es lo mismo sexo y género? Justifique su respuesta.

____
____
____
____

7. Según la imagen estereotipada de género, ¿qué es lo obligado en los niños?

a. Que sea sensible
b. Que sea agresivo
c. Que sea fuerte
d. Que sea amable

8. Complete la siguiente frase.

Es necesario poner en valor nuevos patrones de comportamiento asociados __________ cuyo fin sea ________ las ____________ entre hombres y mujeres, y que la mayor parte de la sociedad se _________ y ________ bajo estos valores.

9. Una persona asertiva es aquella que...

a. ... no defiende sus propios derechos.
b. ... confía en sí misma y es respetada por los demás.
c. ... no es capaz de conseguir aquello que se propone.
d. ... defiende su mensaje por encima de los demás.

10. ¿Cómo se transforma el orden de género vigente?

____
____
____
____

Capítulo 3

Estructuras de apoyo para la participación en el entorno de intervención

Contenido

1. Introducción

Sin duda, contar con estructuras de apoyo, ya sean, organismos públicos o privados, asociaciones, grupos de apoyo, programas, subvenciones, etc., que promuevan y ayuden a la participación de la ciudadanía en la vida pública es fundamental y necesario.

Estas estructuras y espacios deben tener en cuenta las necesidades e intereses, tanto de hombres como de mujeres, puesto que no son las mismas ni se sienten de igual manera.

Supone por tanto mirar la realidad de las personas teniendo en cuenta las diferentes circunstancias que las rodea y detectar los problemas que se derivan de la construcción de género.

Destacar de entre las estructuras y mecanismos presentes que tienen en cuenta la perspectiva de género los organismos autónomos de igualdad, los centros asesores de la mujer, las asociaciones de mujeres, los consejos locales de la mujer y las redes de mujeres.

2. Tipología de estructuras organizativas existentes en el entorno: instituciones públicas, privadas, entidades sin ánimo de lucro y asociaciones

Sin lugar a dudas, promocionar la participación de mujeres y hombres en igualdad de condiciones debe ser una tarea no solo de las administraciones públicas, ya que deben implicarse también las entidades privadas y las entidades sin ánimo de lucro y asociaciones.

Es una labor conjunta de la sociedad que debe llevar a crear verdaderas estructuras participativas, aplicando la perspectiva de género. Pues como ya se dijo en el primer capítulo, la sociedad debe ser igualitaria y equilibrada, y no puede permitir que se limite la autonomía de las personas y conformar sociedades asimétricas en detrimento de un género u otro.

Para esta labor existen iniciativas y organismos que tanto desde el ámbito público como el privado contribuyen a crear espacios y estructuras donde hombres y mujeres puedan expresar su derecho a participar en la vida pública, desde la perspectiva que más se adecúa a sus necesidades e intereses.

Nota

La aprobación de la Ley Orgánica 3/2007, de 22 de marzo, para la Igualdad Efectiva de Mujeres y Hombres, con medidas como la puesta en marcha de planes estratégicos de Igualdad de Oportunidades, por parte del Gobierno o los planes de igualdad de las empresas, supuso un punto de inflexión en las políticas de igualdad desarrolladas en España.

2.1. Instituciones públicas y privadas

Desde el ámbito público se distinguen varios niveles de actuación: a nivel estatal, nivel autonómico y nivel local.

A nivel estatal

Las instituciones de referencia a nivel estatal son el Ministerio de Igualdad y el Instituto de las Mujeres.

Ministerio de Igualdad

La base de su trabajo se concentra en las políticas que colaboran en eliminar las distintas formas de violencia machista; aquellas otras relacionadas con la redistribución de la riqueza, el tiempo y los cuidados; además de las políticas que velan por la diversidad.

Contiene enlaces a los siguientes organismos relevantes en materia de igualdad:

- Dirección general para la Igualdad real y efectiva de las personas LGTBI+.
- Delegación del gobierno contra la violencia de género.
- Dirección general para la igualdad de trato y no discriminación y contra el racismo.
- Instituto de las mujeres.

Este ministerio, junto con las CC. AA., gestiona la puesta en marcha del *Plan Corresponsables,* basado en una política dirigida a garantizar el cuidado como un derecho, bajo la perspectiva de la igualdad.

En la lucha contra la violencia machista, este ministerio ha impulsado un instrumento, el *Punto Violeta,* en el que se facilita información y se da apoyo a los casos de violencia contra las mujeres.

Instituto de las Mujeres

Fue creado en 1983 con la finalidad de: *promocionar y fomentar las condiciones que posibilitan la igualdad social de ambos sexos y la participación de la mujer en la vida política, cultural, económica y social, así como la prevención y disminución de toda clase de discriminación de las personas por razón de nacimiento, sexo, origen racial o étnico, religión o ideología, orientación o identidad sexual, edad, discapacidad o cualquier otra condición o circunstancia personal o social.*

De entre los servicios y recursos que proporciona destacar el fomento del asociacionismo de las mujeres como instrumento de cambio de su situación social, la convocatoria anual de subvenciones, la cesión de locales o el asesoramiento técnico, y la formación en Igualdad de Oportunidades, a través de formación *online,* presencial, encuentros, jornadas, conferencias y materiales didácticos.

Aquí se puede encontrar información relacionada con la no discriminación, la igualdad en el empleo y el ámbito internacional, entre otra. Desde este organismo se proporciona información sobre diversos temas, destacando la convocatoria anual del distintivo *Igualdad en la Empresa* con el fin de reconocer y estimular la labor de las empresas comprometidas con la igualdad. Todas las empresas que lo tienen concedido forman la Red DIE (Red distintivo igualdad en la empresa).

Sabía que...

A lo largo de las convocatorias que han tenido lugar desde el año 2010, ya son 168 las empresas que forman la Red DIE, entre las cuales se encuentran: Fundación Once, BBVA o Repsol.

A nivel autonómico

Las comunidades autónomas han establecido en la composición de su gobierno una Consejería desde la que promocionar la participación y la igualdad, bien a través de Institutos de la Mujer, Direcciones Generales o Viceconsejería.

En este tipo de organismos se proporciona información muy completa y actualizada sobre una amplia variedad de temas como empleo y empresas, coeducación, atención social y salud, violencia de género, participación y asociaciones, etc.

A nivel local

La participación en el entorno de intervención es a este nivel donde verdaderamente toma su sentido, pues, las demandas de la ciudadanía son canalizadas primeramente desde un nivel más próximo y cercano, como puede ser un ayuntamiento o una asociación, que se analizarán en el siguiente apartado.

Desde este nivel, resalta el papel que juegan en este sentido los Centros Asesores de la Mujer, que ofrecen un servicio de atención personalizada, asesorando y orientando sobre servicios y recursos, sobre temas jurídicos, psicológicos, de prevención y tratamiento de la violencia de género, etc.

Desde el ámbito privado también se llevan a cabo diferentes actuaciones, motivadas en muchas ocasiones por la legislación vigente en materia de igualdad, como pueden ser los planes de igualdad en la empresa privada o las iniciativas puestas en marcha desde el área social de las entidades bancarias.

2.2. Entidades sin ánimo de lucro y asociaciones

La asociación se define como la unión de varias personas, a la que pertenecen voluntariamente y con total libertad, que interactúan entre sí para lograr un objetivo común.

Existen multitud de tipos de asociaciones, como asociaciones de voluntarios, juveniles, de consumidores y consumidoras, de vecinos y vecinas o las asociaciones de mujeres. Pero todas ellas sirven para que sus integrantes desarrollen sus capacidades y emprendan los cambios necesarios para alcanzar los objetivos propuestos que incidan en la calidad de vida de las personas.

Por lo general el término de asociación se utiliza para mencionar a una entidad sin ánimo de lucro, que en este caso el fin será el realizar actividades en beneficio de las personas asociadas, terceras personas o la comunidad en general.

Se podrá decir que la asociación es como una subred dentro de la red social.

Definición

Red de asociaciones
Estructura que se establece mediante la conexión de asociaciones con uno o varios objetivos comunes.

Actualmente se está fomentando desde las administraciones públicas el trabajo en red, ya que la unión de varias asociaciones, ya sea de una manera puntual o más estable, como puede ser una federación de asociaciones, permite conseguir los objetivos planteados de una forma más eficaz y eficiente.

Cada red social, los grupos, las asociaciones, las redes de asociaciones que se comparten y con las que se construyen las inquietudes, proyectos y necesidades de participación son espacios de socialización donde se adquieren conocimientos, habilidades sociales y donde se crea la propia identidad.

Secuencia a través de la que se crean las redes de asociaciones

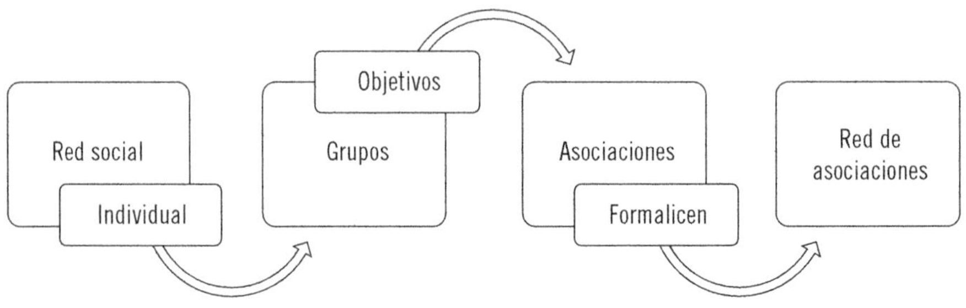

Las Asociaciones de Mujeres

Las asociaciones de mujeres sirven para articular la participación de las mujeres en el desarrollo de su comunidad.

Si bien en un principio, cuando empiezan a formarse persiguen más objetivos relacionados con el ocio, la salud y el bienestar, poco a poco las asociaciones han ido adaptándose y han promovido nuevos objetivos comunes relacionados con el empoderamiento y la autonomía personal.

Este cambio ha supuesto que las asociaciones hayan dejado de trabajar solo a nivel local, para pasar a un ámbito más amplio (regional, nacional e internacional) y convertirse en verdaderas intermediarias entre las mujeres de base y otros grupos de interés, instituciones o gobierno.

Sin duda el valor de las asociaciones de mujeres es indiscutible como espacio para desarrollar su autoconfianza, participar en la vida pública de sus territorios y abrir nuevos espacios de solidaridad y empleo fuera del ámbito privado.

Ejemplo

Federación de Mujeres Jóvenes es un espacio formado por chicas jóvenes feministas, que lucha por transformar la sociedad, en una más solidaria y justa y donde mujeres y hombres puedan ser y sentirse iguales.

¿Cómo intervenir desde la participación?

A continuación, se explica cómo asesorar y acompañar a una asociación de mujeres, que ante el creciente aumento de la población inmigrante en su barrio, están recibiendo numerosas visitas de mujeres inmigrantes en riesgo de exclusión social, con diversos problemas como, el desempleo, familias monoparentales, víctimas de violencia de género, etc., y han decidido actuar y ayudar a la población inmigrante en general y en especial a las mujeres, pero no saben por dónde empezar.

En primer lugar, es muy importante conocer la realidad en la que se pretende intervenir, es decir, es necesario considerar las características propias de la zona, las personas que viven en ese barrio, otras asociaciones de mujeres o de personas inmigrantes que también estén presentes en la zona, las iniciativas, programas que estén llevando desde las instituciones públicas y/o privadas, etc.

Para conocer la realidad es necesario realizar un diagnóstico de partida, e identificar las necesidades y demandas tanto de las mujeres inmigrantes como de las mujeres de la asociación. En este primer paso sería interesante obtener información sobre el número de personas, edad, formación, situación laboral, gustos, etc.; hacer una primera valoración sobre si la propuesta que realiza la asociación va a ser bien acogida por población inmigrante, así como los recursos de los que disponen, tanto materiales como humanos.

Nota

Ante cualquier problema que se plantee, el primer paso a realizar es observar las circunstancias que rodean a ese problema, porque permitirá conocer la realidad, identificar necesidades, anotar demandas y escuchar las ideas y los intereses de las personas.

A continuación, se debe crear un grupo de trabajo compuesto por mujeres de la asociación, población inmigrante y mujeres y hombres del entorno que pertenezcan a otras asociaciones (vecinos y vecinas, juveniles).

Con el grupo formado, sería aconsejable realizar una primera lluvia de ideas acerca de cuáles son los principales problemas a resolver y las posibles soluciones. Después, en una reunión posterior se analizarán y se seleccionarán las ideas más oportunas.

Antes de pasar a la acción, es preciso buscar información sobre los problemas planteados y las soluciones propuestas, en este sentido, hay que conocer otras experiencias desarrolladas en otros lugares, hablar con personas expertas en temas de inmigración, ponerse en contacto con las instituciones públicas y privadas de la zona (centros cívicos, empresarios/as, centros de salud, la asociación de madres y padres de la zona, etc.).

Una vez que se hayan decidido las necesidades preferentes hay que pasar a la acción y hacer algo para cambiar la situación. Este plan de acción debe contemplar los contenidos, es decir, lo que se va a hacer, quién va a intervenir, cuándo se va a realizar y cuándo se termina, los recursos materiales y financieros con los que se cuenta, y los objetivos y resultados que se esperan obtener.

Finalmente es necesario ejecutar lo que se ha planificado, teniendo presente, que la realidad puede hacer tener que modificar planteamientos iniciales en cuanto a objetivos y actuaciones a realizar.

Esquema del proceso de intervención

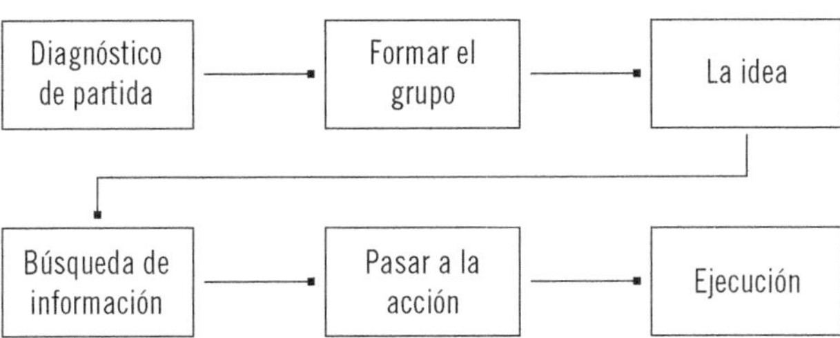

Aplicación práctica

¿Qué plan de acción pondría en marcha desde la asociación de mujeres a la que pertenece, en respuesta al creciente aumento de la población inmigrante en el barrio y las numerosas visitas de mujeres inmigrantes en riesgo de exclusión social, con diversos problemas como el desempleo, familias monoparentales o víctimas de violencia de género?

SOLUCIÓN

En primer lugar, habría que decidir cuál o cuáles serían las actuaciones más urgentes a poner en marcha. Decisión que por supuesto implicaría reunirse con las mujeres inmigrantes y observar su realidad.

Dentro de las necesidades planteadas, se decide dar respuesta a aquellas mujeres con hijos/as que carecen de ningún tipo de ingresos.

Contenido: se establece tres actuaciones iniciales, en primer lugar ponerse en contacto con los servicios sociales y los servicios de orientación del ayuntamiento, para que les asesoren en temas de ayudas sociales y acceso al empleo; una segunda actuación que consistiría en un taller de habilidades sociales desarrollada en la propia asociación, en el que participen tanto las mujeres inmigrantes, como las de la asociación y del barrio; y en tercer lugar organizar una reunión con empresarios y empresarias de la zona, con el

Continúa en página siguiente >>

<< Viene de página anterior

objetivo de informar de la situación de estas mujeres y la necesidad urgente que tiene de acceder a un empleo remunerado.

Quién: se crearía un grupo de trabajo dentro de la asociación, compuesto por dos o tres mujeres, que mantendría reuniones periódicas con el personal técnico del ayuntamiento. Para la realización del taller se solicitaría al ayuntamiento personal cualificado para su impartición o bien se solicitaría una subvención a una entidad pública o a alguna entidad privada que quisiera colaborar económicamente.

Temporalización: el acompañamiento y asesoramiento se establecería en un principio para seis meses. Inicialmente se desarrollaría el taller con una duración aproximada de 35-40 h.

Recursos humanos: mujeres de las asociaciones y personal del ayuntamiento y materiales, como la sede de la asociación para impartir el taller y los recursos aportados por las entidades públicas y privadas que colaboren en el proyecto, mediante subvenciones o aportaciones económicas.

Objetivo: integración social y laboral de las mujeres inmigrantes que residen en el barrio.

2.3. ¿Por qué es importante conocer las estructuras y recursos de la zona?

Sin duda tener presente todas las estructuras y recursos de la zona, servirá para mejorar la participación y conocimientos sobre temas que afecten como ciudadano o ciudadana.

Al igual que cuando se está buscando empleo, la actitud debe ser una actitud activa, centrada en los propios recursos personales y en las oportunidades que brinde el mercado laboral. Es preciso establecer la propia red de contactos y base de datos de empresas, servicios de orientación, recursos formativos, etc., que faciliten esa búsqueda activa de empleo y permita continuar y permanecer integrada/o en el mercado de trabajo.

Participar en la comunidad y querer transformar las estructuras y la realidad del entorno más próximo, requiere igualmente adoptar una actitud activa y conocer todos los recursos que pueden facilitar esa tarea.

Es importante por tanto, tener información actualizada sobre los organismos, estructuras y recursos de la zona, relacionados con la participación y la igualdad de oportunidades.

En esa información, sería interesante, reflejar la fecha en la que se obtiene la información o se pone en contacto con la entidad, la dirección y email y/o página web de la misma, la persona de contacto, etc.

Aplicación práctica

Acaba de finalizar el curso *Promoción para la igualdad efectiva de mujeres y hombres*, y está interesada/o en ponerse en contacto con las entidades, asociaciones, etc., que trabajan por la igualdad en su entorno más cercano y conocer qué tipo de iniciativas se están llevando a cabo actualmente.

¿Cómo lo plantearía?

SOLUCIÓN (Posible solución)

En primer lugar, mantendría el contacto con el alumnado y profesorado del curso que acabo de terminar, puesto que la red de contactos es fundamental para la búsqueda de recursos y oportunidades laborales.

A continuación, estructuraría la búsqueda en base a un guión como el que se muestra a continuación.

FECHA	NOMBRE ASOCIACIÓN	DIRECCIÓN	PERSONA DE CONTACTO	INFORMACIÓN DE INTERÉS
FECHA	NOMBRE DE LA ENTIDAD PRIVADA	DIRECCIÓN	PERSONA DE CONTACTO	INFORMACIÓN DE INTERÉS

Continúa en página siguiente >>

<< Viene de página anterior

FECHA	CENTRO ASESOR DE LA MUJER	DIRECCIÓN	PERSONA DE CONTACTO	INFORMACIÓN DE INTERÉS
FECHA	NOMBRE DE LA PÁGINA WEB	DIRECCIÓN	INFORMACIÓN DE INTERÉS	
FECHA	SUBVENCIÓN/ PROGRAMA	REQUISITOS	INFORMACIÓN DE INTERÉS	

Actividades

1. ¿Conoce alguna Federación que trabaje la perspectiva de género? ¿Qué implica que se trabaje desde esta perspectiva?
2. Busque en internet el organismo de su Comunidad Autónoma, responsable de fomentar la participación de las mujeres y hombres en igualdad. ¿Qué actuaciones lleva a cabo en materia de asociacionismo?
3. ¿Cuáles son los pasos en un proceso de intervención?

3. Procedimientos de identificación y sistematización de estructuras, modelos y espacios organizativos donde se produce participación en el entorno de intervención

En el apartado anterior se ha visto qué tipo de organismos promueven la participación de las mujeres en el ámbito social y político. Asimismo en el capítulo uno también se pudieron observar mecanismos y actuaciones que permiten canalizar las demandas relacionadas con la participación desde una perspectiva de género.

En este apartado se va a profundizar en esos espacios y estructuras desde el punto de vista de las redes sociales y los grupos de apoyo.

3.1. Redes formales e informales (presenciales y telemáticas)

Para Fernando de la Riva y Antonio Moreno (2010), una red es: *la suma de personas, organizaciones sociales, entidades públicas o privadas, que comparten capacidades, conocimientos y recursos, y actúan coordinadamente para alcanzar un objetivo común.*

Concepto de red social

En primer lugar, se deberá tener presente que en las redes sociales **las distancias y las formas son irregulares,** no es como una red de pesca donde los nudos están a la misma distancia unos de otros ni en forma de malla.

Siempre hay **nudos que son más visibles que otros** o que poseen mayor altura o profundidad. Las redes sociales no son planas, tienen profundidad, están compuestas por personas o colectivos o instituciones.

Las redes sociales **están vivas y se mueven.** Con el paso del tiempo, los diferentes nudos se desplazan y se van acercando y alejando unos de otros, se crean nuevas relaciones, desparecen algunos nudos, etc.

Finalmente, el cuarto elemento característico de una red social es la **meta en común.** Formar parte de una red significa trabajar por un objetivo común y aunar esfuerzos para conseguirlo.

Pueden ser informales, como la familia, el grupo de amigos/as, los/as vecinos/as, etc.; o formales como las ONG, red de servicios sociales de un ayuntamiento, etc. Estas últimas se establecen con un propósito concreto y sus miembros cumplen un papel específico.

Importante

Las redes de apoyo social cumplen un papel muy determinante como elemento de protección en situaciones delicadas en la vida de algunas mujeres como son las situaciones de violencia de género.

Tipos de redes

En función de varios aspectos se pueden distinguir las siguientes tipos de redes: en función de quiénes las forman, en función de lo que se convoca, en función de la estructura y en función del medio de comunicación.

En función de quiénes las forman

Existen las redes de personas, que están formadas por individuos/as, como pueden ser las asociaciones de mujeres, culturales o las redes profesionales de artistas, de agentes de igualdad, etc.

Según quiénes la forman, se podrán encontrar también las redes de colectivos u organizaciones (de asociaciones, empresas, instituciones públicas, colegios, universidades, ONG, partidos políticos, sindicatos, etc.), y con redes mixtas, integradas por entidades públicas o privadas y por personas a título individual (foros sociales, plataformas ciudadanas, etc.).

En función de lo que se convoca

Según este criterio se encuentran las redes temáticas, que se constituyen en torno a un tema de interés o campo de actividad (la salud, el deporte, etc.) y redes territoriales, compuestas por personas o colectivos de uno o varios territorios (barrio, pueblo, etc.).

En función de la estructura

Están las redes centralizadas o verticales, redes descentralizadas u horizontales y redes distribuidas.

En las redes centralizadas suele haber un centro de decisión claro, los flujos de información van desde arriba hacia abajo y la mayoría de las relaciones son unidireccionales. La participación suele ser baja en este tipo de redes.

Las redes descentralizadas carecen de un centro de toma de decisiones, tomándose estas en asambleas, comisiones, secretarías, etc. Existen tantos contactos verticales como horizontales y mecanismos de control de las personas o colectivos asociados hacia la gestión realizada.

Finalmente las redes distribuidas no tienen un solo centro de decisión (tienen varios) ni centro de coordinación estable, suelen surgir ante una situación concreta y el objetivo ser inmediato. Las relaciones son horizontales y la participación es muy alta.

Nota

Las redes formales están basadas por tanto en un organigrama y suelen tener un funcionamiento relativamente estático y las redes informales son flexibles, rápidas y transmiten la información con bastante exactitud.

En función del medio de comunicación

Se podrán encontrar las redes presenciales y las redes virtuales o telemáticas.

En las presenciales la comunicación es presencial y se toman las decisiones cara a cara. Aunque el resto de medios de comunicación, fax, correo postal, teléfono e internet terminan de complementar la comunicación presencial.

En las redes virtuales no existe presencia física, sino que la comunicación se realiza a través de grupos de correo electrónico, *blogs,* foros o las redes sociales virtuales tipo *Facebook* o *X.*

Funcionan como apoyo a las redes sociales presenciales pero en ningún caso deben ocupar el lugar de contacto y el intercambio personal, ya que, la densidad de las relaciones se ve reducida por la limitación que supone conocerse casi exclusivamente por la palabra escrita.

3.2. Grupos de apoyo

Los grupos de apoyo fundamentalmente sirven para mejorar la autoestima y la confianza ya que, las mujeres saben que no están solas y que pueden encontrar apoyo en caso de necesitarlo.

Además estos grupos y redes permiten avanzar en la construcción de un modelo de sociedad diferente al que se tiene. A través de ellos se redefinen las relaciones de poder, no tan jerárquicas y sí más igualitarias y participativas, basadas en la comunicación interpersonal.

El hecho de que las propias mujeres reconozcan la autoridad de otras mujeres, permite defender los intereses femeninos en cualquier ámbito u organismo, debido a que las mujeres deben sus puestos de responsabilidad y liderazgo a mujeres y hombres, y no solo a ellos como suele pasar en determinadas ocasiones en áreas tan importantes como el empleo, la política o la economía.

Y es que la participación en una red o grupo de apoyo, proporciona una serie de oportunidades, como las que se reflejan en la siguiente tabla:

Ampliar los contactos sociales	Crear nuevas amistades.
Acceder a más información	Intercambiar experiencias.
Trabajar en equipo	Aumentar los conocimientos.
Repartir el trabajo y así ganar más tiempo personal	Entrenar habilidades sociales: tolerancia, respeto a la diversidad.
Reforzar la complicidad femenina	Legitimar el trabajo de las mujeres.

Como dice la antropóloga y feminista Marcela Lagarde (2006): *la alianza de las mujeres en el compromiso es tan importante como la lucha contra otros fenómenos de la opresión y por crear espacios en los que las mujeres puedan desplegar nuevas posibilidades de vida.*

Definición

Sororidad
Pacto entre mujeres, que implica reconocimiento mutuo y cambiar la realidad de opresión que han vivido y viven las mujeres actualmente. A través de la sororidad se podrán poner en marcha acciones específicas para la eliminación social de todas las formas de opresión y apoyo mutuo para lograr el empoderamiento vital de cada mujer.

Gracias a las aportaciones de Marcela y de otras feministas surge el concepto de sororidad, el cual, explica perfectamente la importancia de los grupos y redes de apoyo en la construcción de una sociedad más justa y libre tanto para hombres como para mujeres.

En los grupos de apoyo cada participante debe estar dispuesta a dar y a recibir, puesto que la información es imprescindible para alcanzar metas personales y grupales.

Los grupos de apoyo deben servir por tanto para contactar con mujeres de diversos campos para compartir experiencias, intercambiar información y darse apoyo mutuamente, nunca convertirse en un club de mujeres resentidas contra los hombres o contra el mundo en general ni en un club exclusivo donde las mujeres que pertenecen a él buscan solo su propio interés.

Actividades

4. ¿En cuántas redes sociales participa en su vida cotidiana? En caso afirmativo, ¿considera que le han proporcionado algunas de las oportunidades reflejadas en la tabla anterior u otras diferentes?
5. ¿Qué temáticas cree que deberían trabajarse dentro de una red de asociaciones de mujeres?
6. ¿Significa lo mismo solidaridad que sororidad? Justifique su respuesta.

4. Canalización de demandas vinculadas a la participación aplicando la perspectiva de género

Existen diferentes mecanismos y herramientas para canalizar las demandas relacionadas con la participación desde una perspectiva de género y por lo tanto prestando atención a la realidad diferenciada de las mujeres y de los hombres.

Tener en cuenta la perspectiva de género va a permitir diseñar actuaciones que se adapten o den respuesta a las necesidades y demandas de participación de hombres y mujeres.

Algunos de esos mecanismos son los siguientes:

- **Consejo Local de las Mujeres:** es un órgano de representación de las mujeres, a través del cual las asociaciones y colectivos de mujeres expresan sus demandas a los poderes públicos.
- **Plan Municipal de Igualdad de Oportunidades:** es un instrumento primordial para concretar la política local de igualdad, porque permite

sensibilizar y asignar recursos económicos y humanos para cambiar la realidad de desigualdad entre mujeres y hombres.

- **Campañas de sensibilización:** dirigidas a la población en general, y en especial a las asociaciones de mujeres y de vecinos y vecinas. A través de estas campañas, además de sensibilizar, permite animar y facilitar la participación de la ciudadanía en materia de igualdad.
- **Programas de coeducación:** dirigidos a niños/as y jóvenes, en los que es fundamental implicar también al profesorado y a los padres y madres.

Importante

Aplicar la perspectiva de género significa organizarse (sensibilizar e implicar), conocer las diferencias de género (describir la desigualdad de género respecto a la participación, recursos, valores, etc.), evaluar el impacto de las políticas y medidas planteadas y rediseñar la política con el fin de promover la igualdad de género.

Participar no solo va a significar realizar actividades en determinadas áreas o programas o asistir a una reunión, implica algo más, es tomar decisiones e influir en el modo en el que se llevan a la práctica esas decisiones.

Significa por tanto potenciar y facilitar procesos de empoderamiento en todas las áreas y sectores y especialmente en aquellas en las que las mujeres están infrarrepresentadas.

Aunque en el capítulo 4 se profundizará en el concepto de empoderamiento, resaltar que la participación y el empoderamiento son conceptos que van unidos, no hay participación sin empoderamiento y no hay empoderamiento sin participación.

4.1. Demandas grupales y demandas individuales

Aplicar la perspectiva de género implica mirar la realidad de las personas, teniendo en cuenta las diferentes circunstancias que las rodea y detectar los problemas que se derivan de la construcción de género, permitiendo atender o adaptar las intervenciones a tales diferencias y problemas.

Esa realidad de las personas se puede plantear de una forma individual o grupal, que influirá en el tipo de respuestas y mecanismos a poner en marcha.

Ejemplo

Un ejemplo de demanda individual puede ser la atención que recibe una mujer desde un Centro Asesor de la Mujer, en temas relacionados con la violencia de género o de salud y sexualidad. En cuanto a demandas grupales, se pueden canalizar a través del diseño de un programa coeducativo para un centro de enseñanza, la puesta en marcha de un proyecto de intervención social con perspectiva de género en una zona deprimida de la ciudad, o el asesoramiento para la puesta en marcha de una red de asociaciones de mujeres contra la violencia de género.

Intervención grupal

Desde un punto de vista grupal es necesario tener presentes una serie de cuestiones, como las que se reflejan en el cuadro siguiente:

Análisis de género del grupo.	Visualizar las identidades de género.
Tener presente los roles de género.	Considerar y comprender las diferentes formas en que mujeres y hombres participan en los diversos espacios: sociales, políticos, laborales, etc.

Continúa en página siguiente >>

<< Viene de página anterior

Identificación de necesidades (condiciones de vida) e intereses específicos (posición que ocupan en la sociedad) de mujeres y hombres.	Necesidades: falta de ingresos, de servicios sociales, etc. Intereses: desigualdad en el empleo, en la toma de decisiones, etc.
Establecimiento de mecanismos de resolución de conflictos.	Uso de conductas asertivas.
Estrategias para superar las barreras a la participación.	Organizar actividades en las que puedan participar igualmente hombres y mujeres (por ejemplo duración de la formación, servicios de guardería, etc.).
Evitar un uso sexista del lenguaje y de imágenes sexistas.	Utilizar las personas en vez de los hombres, las personas mayores en vez de los ancianos, el profesorado y alumnado en vez de los maestros y alumnos, la adolescencia en vez de los adolescentes, etc.

Perspectiva de género en el diseño de proyectos de intervención social

El análisis de género pone en evidencia las desigualdades y permite diseñar estrategias que traten de eliminarlas.

Hay que tener en cuenta que esas desigualdades no se producen solo por la vulnerabilidad del colectivo donde se integran, sino también por las situaciones de discriminación de género que sufren.

Aplicar la perspectiva de género en la intervención social supone visibilizar los obstáculos que tienen las mujeres para participar en los diferentes ámbitos de la sociedad, cultura, política, economía, no como seres vulnerables, sino como personas a las que se les vulnera sus derechos debido al sexismo, la violencia, la discriminación y el no respeto y reconocimiento de las diferencias de género.

En el Cuaderno de trabajo SENDOTU (2010), *Diseño de Proyectos Sociales desde una perspectiva de género,* plantea una serie de cuestiones a tener en cuenta, como son las siguientes:

- Visibilizar, identificar y tener en cuenta las circunstancias, necesidades, problemáticas específicas de toda la población.
- Identificar matices que hasta el momento pasaban desapercibidos ante nuestros ojos, como puede ser el uso del espacio y el tiempo.
- Tener presente que el género es una categoría social a tener en cuenta en cualquier intervención, lo que supondrá explicitar las circunstancias de uno y de otro sexo y cómo son las relaciones entre ellos.
- Visibilizar las consecuencias de la socialización diferenciada y proponer nuevas formas de estructurar la sociedad de un modo más equitativo.

Finalmente se reflejan los aspectos a tener en cuenta para incluir la perspectiva de género en un proyecto:

a. Diagnóstico:

- ¿Se han desagregado los datos obtenidos por sexo?
- ¿Se ha buscado información relevante sobre la situación de hombres y mujeres, en relación con el ámbito de actuación que contempla el proyecto?
- ¿Se describen los obstáculos y oportunidades para mujeres y hombres de acceder a los recursos y a los beneficios que ofrece el contexto de actuación, es decir, la medida en la que pueden existir posibles discriminaciones en el entorno (socioeconómico, socioeducativo, etc.)?

b. Objetivos:

- ¿Los objetivos proponen cambiar situaciones de discriminación por razón de sexo?
- ¿Forma parte del contenido de algunos objetivos el cuestionamiento de roles y estereotipos de género asignados a mujeres y a hombres?

c. Indicadores:

- ¿Los resultados se especifican por sexo?
- ¿Se definen los impactos y los efectos para mujeres y hombres en aspectos tales como: identidad de género e igualdad de oportunidades? ¿Se definen cuáles podrán ser los efectos en materia de igualdad y cambios en la situación de partida?

d. Actividades:

- ¿Se han diseñado estrategias que aseguren la participación de las mujeres y los hombres en función de las necesidades de género?
- ¿Se han incorporado en las actividades mecanismos que impidan la reproducción de roles y estereotipos de género?
- ¿Se han previsto acciones positivas que favorezcan la participación de uno u otro sexo?
- ¿Se consideran, concretamente, las necesidades de flexibilidad, cuidados y conciliación para asegurar la participación de mujeres y hombres?

e. Personas destinatarias:

- ¿Se hace mención a grupos concretos de mujeres y hombres como personas beneficiarias? ¿Se describen sus perfiles?
- ¿Existen evidencias de que se consultó a mujeres y hombres sobre sus necesidades, prioridades y posibles soluciones?

f. Recursos humanos:

- ¿Plantea el proyecto la necesidad de formación del equipo directivo y el equipo de trabajo sobre género e igualdad de oportunidades?
- ¿Hay una presencia equilibrada de mujeres y hombres en el equipo de trabajo involucrado en el plan?

g. Materiales:

- ¿Se hace un uso no sexista del lenguaje y las imágenes en los materiales didácticos que se van a utilizar?
- ¿Se prevé utilizar otros recursos (tecnológicos, mediáticos, etc.) que resulten igualmente accesibles para hombres y mujeres?

h. Presupuesto:

- ¿En qué proporción están los recursos económicos del proyecto dirigidos a los objetivos de igualdad de mujeres y hombres?

i. Uso del lenguaje:

- ¿Se ha redactado el proyecto con un lenguaje inclusivo y no sexista?

j. Difusión:

- ¿Se toman en consideración los tiempos y los horarios de disponibilidad que tienen hombres y mujeres? ¿Y los lugares y formas de comunicación que se usarán de manera diferenciada para llegar, con más facilidad, a ellos y a ellas?

Intervención Individual

Atendiendo a las demandas individuales, que son múltiples y variadas, también es necesario establecer un protocolo de actuación que contemple todas las dimensiones de la persona, incluidas entre ellas la de género naturalmente.

La intervención individual se definirá en función de la demanda planteada, las características personales, el contexto que la rodea y la entidad que asuma esa intervención.

Algunos ejemplos de demandas pueden ser:

- Crear una asociación de mujeres.
- Atender un caso de violencia de género.
- Consulta en temas de salud y sexualidad.
- Solicitar asesoramiento en temas de emprendimiento y autoempleo.
- Acoso sexual en el trabajo.
- Impulsar un proceso de participación política y social.
- Atender a una mujer en riesgo de exclusión social.
- Solicitar asesoramiento en áreas de formación y orientación hacia el empleo.
- Entrenamiento de habilidades sociales.
- Otros.

Protocolo de Actuación

Aunque se acabe de explicar que todos los condicionantes hacen que las intervenciones individuales sean únicas y adaptadas a las personas, a continuación se describe un protocolo de actuación básico desde el que enmarcar la intervención.

Las **fases** en el desarrollo de un protocolo de actuación son las siguientes:

1. Realizar una entrevista inicial de valoración y diagnóstico.
2. Valorar si los servicios y programas de los que dispone la institución o asociación dan respuesta a la demanda planteada por la persona.
3. Si es así, iniciar el proceso de acompañamiento y asesoramiento, con la puesta en práctica de las actuaciones necesarias.
4. Si por el contrario, se estima que la problemática presentada va a ser mejor atendida por otros organismos, derivar esa demanda, a través de procesos de colaboración, que dependiendo de la situación de necesidad expresada, se realice de la forma más rápida y confidencial posible.
5. Realizar el seguimiento y finalizar la intervención, evaluando si los objetivos propuestos inicialmente se han cumplido.
6. Presentar un informe de las intervenciones realizadas.

Niveles de intervención

Como ya se ha mencionado las características personales y el contexto en el que se realiza la intervención también influyen a la hora de canalizar las demandas.

Se establecen tres niveles de intervención: inicial o básico, atención intermedia e intervención personalizada y continua.

Inicial o básico

En la que la intervención suele realizarse de forma puntual y relacionada más con aspectos de competencias básicas de la persona y habilidades sociales, aunque el verdadero motivo de su demanda no fuera ese.

Nota

Puede darse el caso, que una mujer solicite un servicio relacionado con el asesoramiento al empleo, por ejemplo y sea necesario previamente trabajar con ella aspectos más esenciales como pueden ser aprender a escuchar, a pedir ayuda, a negociar, a tomar iniciativas, etc.

Atención intermedia

Este tipo de intervenciones suelen ser las más usuales y dependerán de las demandas planteadas.

Algunos ejemplos de atención intermedia son los siguientes:

- Realización de talleres de búsqueda activa de empleo.
- Participación en talleres relacionados con la salud y sexualidad.

- Participación en un curso de formación: alfabetización informática, empoderamiento, habilidades sociales, etc.
- Participación en encuentros, jornadas, foros con otras mujeres y asociaciones para el intercambio de experiencias.
- Realización de talleres coeducativos en los centros de enseñanza.
- Elaboración de materiales didácticos con perspectiva de género.
- Asesoramiento en la tramitación de subvenciones y ayudas.
- Sensibilización de los hombres en temas de género y búsqueda de nuevas masculinidades.
- Puesta en contacto con empresarias y empresarios de un sector en concreto.
- Otros.

Intervención personalizada y continua

En este nivel, se realiza un acompañamiento más personalizado y continuado en el tiempo, ya que la demanda requiere de tiempo y servicios más extensos y complejos.

Se hace referencia por ejemplo, cuando una mujer requiere atención en áreas como la violencia de género, orientación laboral, o dinamización del tejido asociativo.

En el caso de violencia de género se debe prestar atención tanto jurídica, psicológica como social/asistencial. En la orientación laboral, la persona deberá realizar un itinerario de inserción laboral, en el que serán diferentes actuaciones las que habrá que poner en marcha. Y en la dinamización del tejido asociativo, se requerirá un tiempo suficiente que permita motivar e implicar a las personas mediante actividades como talleres, encuentros, intercambios de experiencia, diseño y puesta en práctica de proyectos, etc.

Acompañamiento y asesoramiento en la participación en el empleo de las mujeres

Evidentemente no es lo mismo asesorar a una mujer joven que acaba de terminar su carrera o grado superior, que a una mujer más mayor con escasa experiencia profesional, o con escasa o nula cualificación en busca de primer empleo o bien que pretende reincorporarse al mercado de trabajo.

En función del perfil sus demandas variarán, pero en cualquier caso es necesario tener presente una serie de elementos que permitan definir un acompañamiento desde la perspectiva de género y realizar un diagnóstico ocupacional apropiado.

Las diferencias de género en las posiciones de partida, dependen de los roles y estereotipos analizados en el capítulo anterior.

Los elementos a tener en cuenta son:

1. **Motivación hacia el empleo:** se refiere a los esfuerzos y dificultades que la usuaria está dispuesta a realizar y superar. Muchas veces la falta de confianza en sus propias actitudes dificultan más el acceso a un empleo por la baja motivación que presentan. Es muy importante conocer cómo se sitúa en el entorno y cómo se percibe ella misma.
2. **Autoestima e inseguridades:** originada o bien por la falta de formación, falta de experiencia laboral, desconocimiento del mercado de trabajo, etc.
3. **Currículum oculto:** el escaso valor atribuido a las actividades que se realizan en el ámbito familiar y doméstico y las referidas a la participación social, implica que no se valoren positivamente las competencias desarrolladas en estos ámbitos como pueden ser la gestión del tiempo, asertividad, técnicas de negociación o la conciliación de la vida familiar, personal y laboral.
4. **Disponibilidad:** en la medida que las responsabilidades familiares y domésticas sigan recayendo exclusivamente en las mujeres, dificultará tanto la búsqueda del empleo como su posterior mantenimiento en el mundo laboral.
   Trabajar dentro y fuera del ámbito del hogar supone una sobrecarga de trabajo que hace que las mujeres prescindan de su tiempo libre y espacios para sí misma, busquen empleo a tiempo parcial o ayudas de familiares cercanos (que generalmente suelen ser mujeres) y una menor motivación en su promoción profesional y proyecto de vida.

5. **Aspectos sociolaborales:** habrá que tener en cuenta si es el primer empleo o desempleo de larga duración y cómo se ha desenvuelto en el mundo laboral.
6. **Aspectos sociofamiliares:** valorar su situación familiar, social y personal y cómo influye su entorno sobre su acceso al empleo.
7. **Estereotipos relacionados con la disponibilidad:** menor tiempo de dedicación por asunción de responsabilidades familiares, sin embargo las mujeres hoy en día tienen entre sus objetivos prioritarios el acceso y mantenimiento del empleo; relacionados con la capacidad, las mujeres no están suficientemente preparadas para determinados puestos, sin embargo cada vez tienen una cualificación profesional mayor, especialmente las nuevas generaciones; y relacionados con las ocupaciones, la presencia de mujeres es percibida en ocasiones como conflictiva en determinadas ocupaciones masculinas, como las de albañil o mecánico.

Actividades

7. ¿Cuáles son los aspectos a tener en cuenta en una intervención grupal con perspectiva de género? ¿Y en una intervención individual?
8. Relacione cada situación ante el empleo con la medida o actuación más apropiada:

   1. Mujer joven que acaba de terminar la carrera universitaria o grado superior.
   2. Mujer de 40 años con escasa experiencia laboral.
   3. Mujer de 20 años con escasa o nula cualificación profesional.
   4. Mujer de 45 años que se pretende reincorporar al mercado de trabajo.

   a. Realización de un taller de habilidades sociales y mejora de la autoestima.
   b. Análisis del entorno familiar, en cuanto al apoyo sobre el acceso al empleo.
   c. Asesoramiento para la puesta en contacto con empresas del sector profesional relacionado con su área profesional.
   d. Análisis de las competencias personales desarrolladas en los últimos años.

Aplicación práctica

Como agente de igualdad se le ha solicitado asesoramiento para formar una Federación de Asociaciones de Mujeres por la Igualdad, para lo que ha decidido organizar una reunión con una representante de cada asociación integrante de la Federación.

Plantee, como paso previo a la puesta en marcha de la misma, una lluvia de ideas sobre las estructuras y programas que pueden ayudar a alcanzar la meta y qué tipo de información pueden proporcionar.

SOLUCIÓN (Posible solución)

Las posibles estructuras y servicios planteados han sido los siguientes:

- Otras Federaciones de Asociaciones de Mujeres, que puedan proporcionar información acerca de cómo ellas han realizado el proceso.
- Área de Igualdad del Ayuntamiento de la localidad, que puede informar acerca del trámite administrativo para su constitución (estatutos, régimen de funcionamiento, etc.) y ayudas o subvenciones.
- Organismo responsable de llevar a cabo las políticas de igualdad de la Comunidad Autónoma, que puede facilitar actividades formativas bien presenciales bien online relacionadas con la gestión asociativa o el empoderamiento.
- Otras asociaciones de mujeres especialistas en temas de salud, violencia, empleo, etc., para animarlas a formar parte de la Federación.

5. Resumen

Dentro de la estructura de apoyo a la intervención se distinguen las instituciones públicas y privadas, prestando especial importancia a las primeras y las asociaciones y entidades sin ánimo de lucro.

Sin duda el papel que pueden y deben jugar las asociaciones de mujeres en la participación en la vida política y social de su comunidad es fundamental.

Como también lo es la función que realizan las redes sociales, ya sean, presenciales o telemáticas, así como los grupos de apoyo en la construcción de una sociedad más justa y libre tanto para hombres como para mujeres.

Para que todos estos organismos, espacios y actuaciones puedan realmente llevar a cabo su cometido es primordial conocer como canalizar todas las demandas grupales de la ciudadanía, con mecanismos como los consejos locales de la mujer, los proyectos de intervención social con perspectiva de género; e individuales, teniendo presente los protocolos de actuación y niveles de intervención.

Ejercicios de repaso y autoevaluación

1. ¿A qué nivel de actuación se hace referencia cuando se habla de los Centros Asesores de la Mujer?

a. A nivel autonómico
b. A nivel privado
c. A nivel local
d. A nivel estatal

2. Relacione a qué tipo de red corresponde según el aspecto tenido en cuenta.

a. Quiénes la forman
b. Lo que se convoca
c. La estructura
d. El medio de comunicación

__ Redes temáticas y territoriales.
__ Redes presenciales y telemáticas o virtuales.
__ Redes de personas, colectivos u organizaciones y mixtas.
__ Verticales, horizontales y distribuidas.

3. Ante cualquier problema o cuestión que se plantee a nivel participativo, ¿cuál es el primer paso a realizar?

---

4. **Busque en la siguiente sopa de letras los elementos de un plan de acción.**

A	Q	U	C	L	M	T	A	O
S	U	E	O	B	J	I	R	Q
R	I	U	N	G	R	E	D	U
E	D	T	T	A	E	M	Z	I
C	P	A	E	U	M	P	F	E
U	I	E	N	O	I	O	I	N
R	U	H	I	C	V	S	R	E
S	R	O	D	A	I	B	C	S
O	S	L	O	B	N	A	O	E
S	O	B	J	E	T	I	V	O

5. **Complete la siguiente frase.**

En las redes sociales las distancias y las formas son ____________________ y siempre hay nudos __________________ que otros. Las redes sociales están _________________ y poseen una o varias _______________ en común.

6. **¿Para qué sirven los grupos de apoyo?**

____

____

____

____

---

7. Señale si las siguientes afirmaciones son verdaderas o falsas.

a. Aplicar la perspectiva de género significa facilitar procesos de empoderamiento en todas las áreas, sin importar si las mujeres están infrarrepresentadas.

- ☐ Verdadero
- ☐ Falso

b. Aplicar la perspectiva de género significa sensibilizar e implicar, conocer las diferencias de género, evaluar y redefinir las políticas y medidas planteadas.

- ☐ Verdadero
- ☐ Falso

c. Aplicar la perspectiva de género implica detectar los problemas que se derivan de la construcción de género de las personas y adaptar las intervenciones a tales diferencias o problemas.

- ☐ Verdadero
- ☐ Falso

8. En la fase de diagnóstico de un proyecto habrá que preguntarse...

a. ... si los objetivos proponen cambiar situaciones de discriminación por sexo.
b. ... si se ha desagregado la información por sexo.
c. ... si se hace un uso no sexista del lenguaje.
d. ... si se han previsto acciones positivas que favorezcan la participación de ambos sexos.

9. ¿Qué estereotipos deben tenerse en cuenta a la hora de asesorar y acompañar en la participación en el empleo de las mujeres?

____

____

____

____

10. ¿Qué nivel de intervención es el más adecuado ante una atención para dinamizar el tejido asociativo?

a. Personalizado y continuo
b. Intermedio
c. Inicial o básico
d. Externo

Capítulo 4

Establecimiento de estrategias de sensibilización e impulso del empoderamiento femenino

Contenido

1. Introducción

En este capítulo se va a tratar el concepto de empoderamiento tanto en su dimensión individual, con el objeto de recuperar la dignidad de cada mujer como persona, tanto a nivel social, psicológico, económico y político. Como en su dimensión colectiva, tratando de favorecer que las mujeres estén presentes en los sitios donde se deciden los asuntos importantes y se ejerce el poder.

Sin duda aspectos como el desarrollo de una buena autoestima, el cuestionamiento de los roles y estereotipos de género o el entrenamiento de habilidades sociales como la tolerancia, la asertividad o la escucha activa ayudan a los procesos de empoderamiento.

El papel que juegan las diferentes instituciones, organismos y entidades, así como todas aquellas actuaciones encaminadas a sensibilizar a la población en general en igualdad de género y cambiar actitudes y conductas sexistas son imprescindibles en el contexto actual, donde es necesario aprovechar las capacidades y contribuciones de hombres y mujeres.

2. Empoderamiento individual (poder para)

La primera vez que se comienza a hablar de este término es en 1985, en la Conferencia Mundial de la Mujer, en Nairobi, refiriéndose al empoderamiento como el proceso mediante el que se produce un acceso a los recursos (físicos, humanos o financieros) y un desarrollo de las capacidades intelectuales (conocimientos, información e ideas) para poder participar activamente en la modelación de la propia vida y en la de la comunidad desde un punto de vista social, económico y político. Y es en la Conferencia de las Mujeres en Pekín donde se desarrolla y consolida.

El empoderamiento pasa por el aumento de la participación de las mujeres en los procesos de toma de decisiones y acceso al poder.

Definición

Poder

Capacidad de ser y hacer para transformar la realidad y construir la propia capacidad para cambiar tanto individualmente como colectivamente.

A lo largo de estos años ha adquirido además el matiz de que las decisiones y el poder no solo deben tomarse individualmente, también colectivamente, llevando implícito también una recuperación de la propia dignidad de las mujeres como personas.

Los tres elementos básicos del empoderamiento son los que se reflejan en la siguiente figura.

Toma de conciencia por parte de las mujeres de su subordinación

Organización autónoma para decidir sobre sus vidas y sobre el desarrollo que desean

Movilización para la identificación de sus intereses prácticos y estratégicos

Estos tres elementos se ponen en marcha tanto individual como colectivamente:

- **Individual o personal:** mediante el desarrollo del sentimiento del yo y de la autoconfianza y capacidad individual. Al mejorar la autoestima y el propio desarrollo personal, aumentará su capacidad de influencia y decisión. Este empoderamiento individual implica también el desarrollo de la capacidad de negociar e influir en las relaciones interpersonales, de manera que lleve a participar también del empoderamiento grupal o colectivo.

- **Grupal o colectivo:** se produce cuando las personas trabajan unidas para lograr algo que no podrían conseguir individualmente. En este sentido las mujeres se relacionan con el fin de aumentar su poder en el acceso, uso y control de los recursos materiales y simbólicos y de los beneficios y capacidad de influir y participar en la toma de decisiones y transformar la sociedad.

  Desde el punto de vista del empoderamiento grupal, las mujeres deben obtener poder para tomar conciencia sobre una serie de aspectos con el objetivo de cambiar la realidad que les rodea y luchar por la igualdad.

ASPECTOS SOBRE LOS QUE REFLEXIONAR EN UN PROCESO DE EMPODERAMIENTO INDIVIDUAL	
Intereses.	Sentimiento de culpa.
Autonomía, dependencia y control de o hacia los demás.	Cuidado que se otorga a sí misma y a los demás.
Fortalezas y debilidades.	Identidad e imagen personal.
Mitos y estereotipos de lo que es ser mujer y ser hombre.	Cualquier tipo de violencia, ya sea física, psicológica, sexual, económica, etc.
Usos del tiempo.	Emociones y miedos.
Capacidad de tomar decisiones.	Capacidad de decir no.
Participación en la vida social.	Derechos propios.

2.1. ¿Cómo favorecer el empoderamiento individual?

En primer lugar, hay que tener presente que generar empoderamiento va a depender de las características personales y del contexto que rodea a la persona.

Ejemplo

Una mujer puede sentirse empoderada, participando en una asociación de mujeres, y otra a través de la realización de un taller de habilidades sociales, también se empodera aquella mujer que emprende un negocio o que representa a los padres y madres del centro educativo de su/s hijo/s.

Aunque no hay un método exacto de empoderamiento, sí es cierto que todo proceso de empoderamiento individual pasa por un proceso de cambio personal y único para cada persona y por ser un proceso fluido y dinámico, que depende del contexto y de las percepciones de las personas sobre sus propias necesidades e intereses vitales.

En una estrategia para favorecer un proceso de empoderamiento se debe tener en cuenta los siguientes aspectos:

- Implicar un aumento de poder por parte de las mujeres. Poder entendido como aumento de capacidades y autonomía, sin que por ello suponga una disminución de capacidades de las otras personas.
- Supone trabajar tanto las necesidades prácticas como los intereses estratégicos.
- Requiere de la utilización de metodologías participativas, a través de las que se fomenten los análisis críticos sobre los factores que condicionan sus vidas y permita el entrenamiento en habilidades de negociación, consigo mismas y con otras personas, habilidades para tomar decisiones y para ejercer liderazgos.
- Realización de acciones individuales y grupales que permitan a las mujeres reservar un tiempo y espacio para sí mismas y desarrollar una autoimagen positiva y reconozcan sus fortalezas.
- La capacitación de género, que permita el cuestionamiento de los estereotipos de feminidad y masculinidad y posterior toma de conciencia sobre las propias capacidades y prioridades.
- Conlleva un proceso de capacitación y formación en el área o áreas de interés (emprendimiento, orientación laboral, habilidades sociales, etc.).

- Al ser un proceso extenso se recomienda la formación de grupos de mujeres, que permita crear las condiciones para que las mujeres rompan su aislamiento individual.

Necesidades prácticas e intereses estratégicos

Las **necesidades prácticas** de género están relacionadas con las carencias materiales que mujeres y hombres detectan en la sociedad en la que viven, como puede ser la vivienda, empleo, salud, cuidado de niños/as y personas dependientes, etc.

Se pueden satisfacer sin transformar los roles tradicionales de género, lo que supone la continuidad de las discriminaciones hacia las mujeres.

Los **intereses estratégicos** sí implican el logro de la igualdad, ya que su objeto es favorecer la toma de conciencia y el cambio de actitudes, hábitos y estructuras de poder entre mujeres, entre hombres y entre mujeres y hombres. Surgen del análisis de subordinación de las mujeres respecto a los hombres en diferentes áreas como la económica, social, política, control de oportunidades, etc.

En el siguiente cuadro se pueden observar las características de ambos conceptos, según se extrae del proyecto *Sendotu:*

Necesidades prácticas	**Intereses estratégicos**
Orientadas a la condición: situaciones de insatisfacción por carencias materiales.	Orientados en la posición: búsqueda de la igualdad entre mujeres y hombres.
Fácilmente observables y cuantificables.	Más difíciles de observar, debido a factores culturales.
Relacionadas con ámbitos concretos como la vivienda, alimentación, salud, etc.	Relacionados con las condiciones estructurales que determinan la posición de subordinación y el acceso y control a los recursos como falta de empleo, acceso a toma de decisiones, etc.

Continúa en página siguiente >>

<< Viene de página anterior

Necesidades prácticas	Intereses estratégicos
Se satisfacen a través de ayudas asistenciales.	Su satisfacción depende de cambios en las estructuras sociales y las conciencias y comportamientos de las personas.
Relacionadas con los grupos sociales particulares.	Comunes a todas las mujeres y todos los hombres.
No implica el cuestionamiento ni transformación de los roles de género.	Su consecución trae consigo la transformación de los roles de género.
Pueden ser satisfechas por otras personas.	Requieren de procesos personales y colectivos de reflexión y empoderamiento.
No implica que se reconozca el conflicto entre intereses de hombres y mujeres.	Conseguirlos supone conflictos y requiere de debates sobre las experiencias vividas por mujeres y hombres.

Aplicación práctica

Desde el equipo responsable del área educativa y social de una entidad privada se va a llevar a cabo un programa de empoderamiento dirigido a jóvenes de edad comprendida entre los 13 y 16 años.

¿Qué actuaciones se podrían realizar?

SOLUCIÓN (Posible solución)

1. En primer lugar es necesario partir de las ideas previas que los jóvenes tienen sobre el concepto de empoderamiento, para lo que sería conveniente dedicar las primeras sesiones a realizar una lluvia de ideas y aclarar conceptos como poder, igualdad de oportunidades, género, etc.
2. En segundo lugar se realizará un trabajo individual, a través de cuestionarios, lecturas, casos prácticos con los que se les brinde la oportunidad de reflexionar a cada participante sobre cuestiones como las siguientes: roles y estereotipos de género, expectativas laborales, autoestima, reparto de tareas en el hogar, usos del tiempo de hombres y mujeres, papel que hombres y mujeres desempeñan en la política, etc.

Continúa en página siguiente >>

<< Viene de página anterior

3. Se formarían grupos de trabajo, de 3-4 personas, conformados solo por mujeres, solo hombres y mixtos.
4. El trabajo grupal debe permitir que se trabajen habilidades como la negociación, toma de decisiones, asertividad, etc., sobre los contenidos tratados individualmente.
5. Se realizaría una puesta en común de las reflexiones obtenidas por cada grupo.
6. Finalizaría el programa con la realización de una mesa redonda, en la que participarán hombres y mujeres que hayan vivido un proceso de empoderamiento tanto personal como laboral.

El grupo no debería estar conformado por más de 15 de personas y su duración no ser inferior a tres meses, ya que poner en marcha procesos de empoderamiento requiere de un tiempo extenso de formación y reflexión.

2.2. ¿Cuáles son las necesidades de empoderamiento?

Se establecen cuatro necesidades básicas o niveles desde los cuales, tanto las personas como los grupos sociales, se empoderan.

Político

Las mujeres tienen la necesidad y el derecho de acceder a los procesos democráticos de toma de decisiones que les afectan. Deben ser ellas las que determinen sus propios intereses de género en la esfera política.

Es importante promover el acceso a esos procesos de toma de decisiones mediante la participación de las mujeres en los movimientos sociales, los partidos políticos, sindicatos, etc.

Importante

A pesar del acceso a los estudios, de las leyes que protegen, del cambio cultural de la sociedad, las mujeres no alcanzan cuotas de representación equiparables a las de los varones.

Personal o psicológico

Se refiere a la necesidad de tomar conciencia del poder que individualmente poseen las mujeres. Y una vez tomada conciencia, tener la capacidad de actuar para transformar la posición de subordinación en las relaciones de género.

Es necesario reforzar las capacidades personales y la autoestima mediante la formación y la valorización personal y grupal.

Social o cognitivo

Se refiere a la comprensión de las condiciones y causas de la subordinación. Las mujeres tienen derecho a la información, a los conocimientos, a las redes sociales y a luchar colectivamente contra las expectativas culturales y normas sociales que pretendan seguir situándolas en una posición de subordinación respecto a los hombres.

La creación de redes y espacios de encuentro permite redefinir las relaciones de poder y mejorar la autoestima y la confianza. Una mayor participación por medio de redes sociales permitirá reforzar las capacidades del colectivo y valorización del entorno social.

Económico

Es preciso que las mujeres tengan acceso y control sobre los recursos productivos, con el objeto de asegurar cierto grado de autonomía financiera.

Favorecer el emprendimiento femenino y eliminar cualquier tipo de discriminación en el acceso y mantenimiento del empleo, facilitará sin duda mayor independencia económica de las mujeres, lo que no implica necesariamente que altere los roles tradicionales de género o las normas sociales.

Definición

Acceso

Oportunidad de utilizar diferentes recursos con el objeto de satisfacer necesidades e intereses personales y colectivos.

Control

Posibilidad de utilizar los recursos y decidir sobre su gestión.

Aplicación práctica

Como agente de igualdad de una entidad social se le ha solicitado que diseñe un proyecto con el objeto de impulsar un proceso de empoderamiento en los cuatro niveles o dimensiones desde los que se puede trabajar el empoderamiento individual: el político, el psicológico, el social y el económico.

¿Qué tipo de actuaciones realizaría para cada uno de los niveles o necesidades de empoderamiento?

SOLUCIÓN

Política: una de las áreas más importantes a la hora de empoderarse es estar en los espacios donde se deciden los asuntos importantes, lo cual, se puede trabajar con acciones encaminadas a concienciar y facilitar la participación política de las mujeres, estimular para la participación en los órganos de gobierno de los ayuntamientos, animar al voluntariado de mujeres jóvenes para que tomen conciencia de la importancia de participar o formar e informar a las mujeres para que participen en los órganos colegiados de los centros docentes.

Personal o psicológico: en este nivel es fundamental realizar acciones encaminadas a mejorar la autoestima de las mujeres con talleres relacionados con las habilidades sociales, o donde se trabaje el tratamiento que se les da a las mujeres desde los medios de comunicación.

Social o cognitivo: proyectos dirigidos a capacitar en el uso práctico y adecuado de las nuevas tecnologías y redes sociales entre asociaciones de mujeres de la zona rural.

Continúa en página siguiente >>

<< Viene de página anterior

Económico: para trabajar esta necesidad es preciso desarrollar medidas y proyectos que favorezcan la incorporación de las mujeres al mercado de trabajo, así como que fomenten la conciliación de la vida personal, familiar y laboral. Medidas como establecer una red de servicios para la infancia y tercera edad, un programa de respiro familiar para mujeres cuidadoras, charlas-coloquios donde se analice la situación actual de las mujeres en el mercado de trabajo o proyectos en los que se fomente la iniciativa emprendedora.

Actividades

1. Reflexione sobre el siguiente enunciado:

   "Nosotras, las mujeres estamos acostumbradas a responsabilizarnos de todo lo que nos rodea (hogar, empleo, familia, etc.) y debemos equilibrar nuestros esfuerzos, no podemos ni debemos liderar en todos los ámbitos a la vez".

   ¿Desde qué dimensión comenzaría a trabajar el empoderamiento de las mujeres que siempre se responsabilicen de todo lo que le rodea?

2. ¿Cuáles son los aspectos sobre los que reflexionar en un proceso de empoderamiento individual?
3. ¿Ha vivido alguna situación personal o profesional en la que considere que has sido incapaz de decir no? ¿Y otra en la que sí? Explíquelas.

3. Empoderamiento grupal (poder con)

El empoderamiento grupal sugiere la necesidad de obtener control sobre las estructuras de poder o de cambiarlas.

Kabeer (1997) señala que las organizaciones que crean espacios para escuchar las voces de las mujeres y utilizan metodologías participativas ayudan a desafiar los estereotipos respecto a las necesidades de las mujeres, hacen visibles determinados intereses que permanecían ocultos y promueven estrategias innovadoras para involucrar a las propias mujeres en los procesos de cambio.

Las mujeres se asocian y crean redes y grupos de apoyo con el objeto de luchar por las necesidades e intereses estratégicos de género.

En este sentido, en la medida que la organización de las mujeres se haya construido en torno a sus necesidades prácticas, facilitará que los intereses estratégicos se visibilicen y sean tenidos en cuenta.

Este tipo de poder tiene que ver con la acción colectiva, pues al construir redes y alianzas, se enfrentan mejor a la situación de subordinación en la que se encuentran muchas mujeres.

Tomar conciencia de los factores que discriminan como grupo va a ser un paso fundamental para favorecer el empoderamiento, por lo que el surgimiento de numerosas organizaciones de mujeres contribuye en gran medida a crear espacios de reflexión conjunta en los que las mujeres aprenden a tomar el poder con otras mujeres en su misma situación.

Sin duda, el proceso de empoderamiento grupal comienza siempre en la creación y consolidación de una organización colectiva, porque a través de esta organización las mujeres tienen la oportunidad de crear espacios sociales donde pueden sentirse valoradas y seguras.

Estos espacios permiten crear redes a través de las cuales transmitir las nuevas visiones, activar un movimiento social y proporcionar modelos alternativos de mujeres que rompan las pautas de sumisión o pasividad y que expliquen las causas de la discriminación y subordinación de las mujeres.

3.1. ¿Por qué es necesario asociarse y empoderarse?

Es necesario e importante asociarse para:

- Fomentar las relaciones en red, frente al individualismo, en las que poder compartir expectativas y proyectos comunes.

- Favorecer el desarrollo individual y colectivo, es decir, la persona aporta beneficios hacia el colectivo y, a su vez, los individuos se benefician de las acciones individuales del resto.
- Ayudar en la vida personal: buscar un empleo, ocio, formación, más y mejor información, etc.
- Mejorar la comunicación y la creatividad, provocando que aumente el compromiso con las mujeres, y permitan resolver conjuntamente problemas comunes.
- Constituirse en plataforma de las actividades, pensamientos, reivindicaciones, de conocimiento.
- Permitir trabajar en equipo, en base a valores como el compromiso y la responsabilidad. Además aporta beneficios como ser más eficaces, mejorar las relaciones interpersonales, elevar la autoestima o reforzar la confianza mutua.

3.2. ¿Para qué es necesario asociarse y empoderarse?

Es necesario empoderarse para darse cuenta que se debe y se tiene la capacidad de incidir en las circunstancias de alrededor y poner en marcha estrategias de movilización que trabajen por los intereses colectivos de las mujeres.

Con el objetivo de transformar las estructuras que sostienen la desigualdad de género las mujeres deben estar en todos aquellos espacios o ámbitos donde se deciden los asuntos importantes.

Por lo tanto, es primordial fomentar la participación social y política de las mujeres, pero no para estar oyendo a otros sino para expresar los propios intereses, construir liderazgos fuertes, crear redes e intercambiar experiencias, en definitiva, incidir políticamente en las instituciones públicas para que estas orienten sus actuaciones hacia el logro de la igualdad de género.

Se trata de liderar el cambio, asumiendo riesgos y reconociendo el trabajo anterior de otras mujeres.

Pero tampoco se debe olvidar que un aumento de mujeres en las instituciones políticas no tiene por qué significar un mayor empoderamiento de las mujeres.

A continuación, se muestra un gráfico con datos proporcionados por el Instituto Nacional de Estadística (INE), donde se muestra información porcentual sobre la participación de las mujeres en los diversos órganos constitucionales, entre 2021 y 2023.

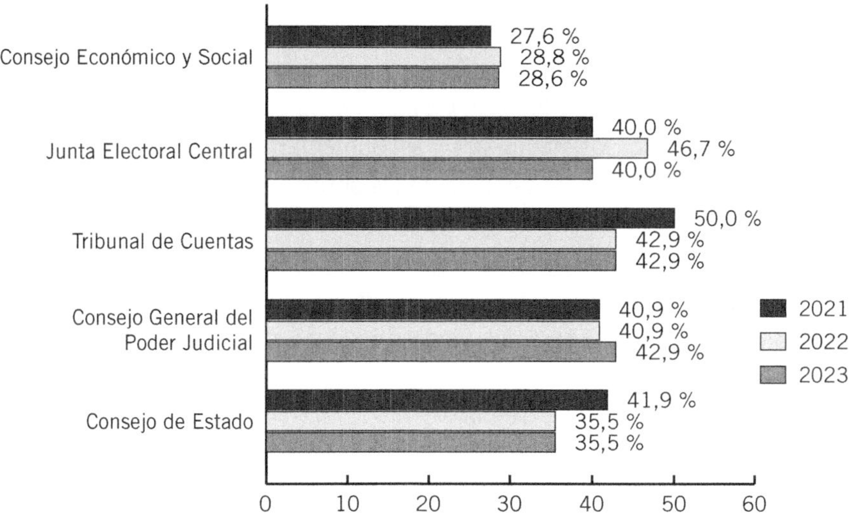

Aunque la evolución de la participación de las mujeres en la esfera pública ha sido positiva, aún existen determinadas áreas de poder en las que las mujeres se encuentran en desventaja, como son la política, la economía, el saber, los medios de comunicación, la creatividad y las religiones.

Sabía que...

Entre los miembros del Tribunal Supremo, según los datos estadísticos de octubre de 2023 incluidos en el Área de igualdad del Consejo General del Poder Judicial en España, las mujeres solo suponen el 21,58 %, mientras que, en la Audiencia Nacional alcanzan el 41,10 %.

3.3. ¿Cómo favorecer el empoderamiento grupal?

Algunas estrategias que contribuyen al empoderamiento grupal son las siguientes:

- Fortalecer capacidades de organizaciones y movimientos sociales.
- Construir estructuras y liderazgos que rindan cuentas.
- Movilización y demostración de fuerza a través de la acción directa.
- Adopción de medidas legislativas como la aprobación de cuotas legales, no solo en procesos electorales y así aumentar el número de mujeres en los cargos electos, sino también en las entidades públicas, en el número de mujeres que ocupan cargos de responsabilidad en la Administración.
- Fortalecer la identidad colectiva, solidaria y resistencia, promoviendo el intercambio de experiencias y la divulgación de las buenas prácticas.
- La realización de programas de desarrollo de capacidades y actividades de formación específica e investigación, en áreas como la autoestima, la ciudadanía y el trabajo asociativo.
- Difusión y sensibilización a través de campañas que denuncien las discriminaciones hacia las mujeres.

Áreas estratégicas de la Plataforma de Acción Beijing

Las áreas estratégicas definidas por la Plataforma de Acción Beijing son doce áreas.

Áreas estratégicas de especial preocupación en los Estados Miembros, definidos por la Plataforma de Acción Beijing

La mujer y la pobreza	Educación y capacitación de la mujer	La mujer y la salud	La violencia contra la mujer
La mujer y los conflictos armados	La mujer y la economía	La mujer en el ejercicio del poder y la adopción de decisiones	Mecanismos institucionales para el adelanto de la mujer

Continúa en página siguiente >>

<< Viene de página anterior

Los derechos humanos de la mujer	Las mujeres y los medios de difusión	La mujer y el medioambiente	La niña

En el área de la mujer en el ejercicio del poder y la adopción de decisiones se establecen los siguientes objetivos estratégicos:

1. Adoptar medidas especiales para garantizar la igualdad de acceso y la plena participación de las mujeres en las estructuras de poder y en la toma de decisiones.
2. Aumentar las posibilidades de participación de las mujeres en la toma de decisiones y en los niveles directivos.

Recomendaciones propuestas para España desde le *Lobby* Europeo de Mujeres (EWL)

Aunque el número de mujeres que participan en la vida pública y política sigue aumentando, las mujeres aún están infrarrepresentadas en los ámbitos de responsabilidad, sin olvidar el sector privado, donde su participación es aún muy baja.

Actualmente la igualdad legal existe entre los Estados Miembros de la Unión Europea, evidentemente los sistemas políticos no discriminan intrínsecamente la representación femenina, pero eso no implica directamente que aumente la representación de las mujeres en las esferas del poder.

Definición

***Lobby* Europeo de Mujeres**
Es la mayor red de organizaciones de mujeres de la Unión Europea (UE). El EWL fomenta la igualdad entre mujeres y hombres en todos los ámbitos y se propone principalmente

Continúa en página siguiente >>

<< Viene de página anterior

influir en las instituciones de la UE, aunque también colabora con el Consejo de Europa y las Naciones Unidas.

Algunas de las razones que motivan esta infrarrepresentación son las siguientes:

- Problemas de conciliación de la vida familiar, personal y laboral.
- Estereotipos de género.
- Falta de voluntad política.
- Problemas relacionados con la cultura política.
- Existencia de élites dentro de los partidos políticos.
- Restricciones producidas por el sistema electoral.

Sabía que...

La participación igualitaria de mujeres y hombres en los procesos de toma de decisiones sigue siendo uno de los puntos de las agendas políticas de todos los Estados Miembros (Beijing + 15: Plataforma de Acción y la Unión Europea, 2010).

Las propuestas y medidas para el área estratégica del poder y la toma de decisiones hacen referencia a los siguientes aspectos:

- Introducir la paridad en todas las instancias de representación y decisión, especialmente en las instituciones públicas, partidos políticos, colegios profesionales, sindicatos, consejos escolares y otras organizaciones de participación social y política.

- Reformar la Ley Electoral para que impida las candidaturas que no cumplan la democracia paritaria, de forma que ninguno de los dos sexos alcance una representación superior al 60 %, ni inferior al 40 %.
- Regular en la normativa de los partidos políticos la inclusión de la democracia paritaria.
- Estudiar el sistema diferencial de los sistemas electorales en la representación política de los órganos electivos de mujeres y hombres para ver la posibilidad de reformar o ajustar esos sistemas.

Sin duda, no será posible cambiar prioridades políticas, modelos ni formas de organización en los partidos, ni en la sociedad, si las mujeres no se incorporan de forma consciente y seguras de sí mismas.

Es necesario que las mujeres pierdan el miedo a alcanzar el poder y a visibilizar el trabajo femenino, y eso solo se logrará actuando como mujeres, como grupo y teniendo claro los objetivos.

Recuerde

El empoderamiento es una estrategia dirigida al fortalecimiento de las capacidades y autonomía de las mujeres con el objeto de transformar las estructuras sociales y luchar por la igualdad.

Aplicación práctica

Desde el equipo técnico de una Federación de Asociaciones de Mujeres se va a llevar a cabo un proyecto para favorecer el empoderamiento de las mujeres de las asociaciones que la componen, con tres líneas básicas de actuación: impulsar la concienciación política de las asociaciones de mujeres, fomentar la participación en los ayuntamientos y centros docentes y animar a la participación de mujeres jóvenes.

Continúa en página siguiente >>

<< Viene de página anterior

Establezca los objetivos específicos del proyecto y varias actuaciones que permitan lograr dichos objetivos.

SOLUCIÓN (Posible solución)

Los objetivos propuestos para el proyecto son los siguientes:

- Fomentar la participación de las asociaciones de mujeres en espacios sociales, consultivos y decisorios.
- Dar impulso a la concienciación para la participación política.
- Estimular la participación en los órganos de gobierno de los ayuntamientos.
- Formar e informar a las mujeres para que participen en los órganos colegiados de los centros docentes.
- Animar al voluntariado para que las mujeres jóvenes tomen conciencia de la importancia de participar.

Las acciones a realizar para conseguir dichos objetivos son:

- Promoción de los Consejos Locales de la Mujer.
- Jornadas de trabajo, con el objeto de fomentar la participación política de las mujeres en los distintos estamentos y conocer y participar en los consejos locales. A dichas jornadas se invitará a mujeres con responsabilidad política en los ayuntamientos de la zona.
- Talleres formativos sobre habilidades sociales y autoestima.
- Reuniones entre las juntas directivas de las asociaciones de madres y padres de los centros de enseñanza y las asociaciones de mujeres.
- Fomento del voluntariado femenino: usando como hilo conductor el deporte y el medioambiente, se trabajará con un grupo de mujeres jóvenes para formarlas en el tema de igualdad y género, e incentivarlas para que se constituyan formalmente en asociación federada.

Actividades

4. ¿Qué consecuencias tiene el empoderamiento de las mujeres para su participación política?

Continúa en página siguiente >>

<< Viene de página anterior

5. ¿Por qué aunque existe igualdad legal y formal, las mujeres siguen infrarrepresentadas en la vida pública y política? Justifique la respuesta.
6. ¿Cuáles son las áreas estratégicas definidas en la Plataforma de Acción Beijing?

---

4. Autoconocimiento y mejora de la autoestima

Para generar procesos de empoderamiento individuales y colectivos, sin duda es necesario partir del conocimiento de uno/a mismo/a y de una valoración positiva del conjunto de rasgos corporales e intelectuales que forman la personalidad.

La autoestima está muy relacionada con el autoconocimiento, sin el cual no se podrá lograr una autoestima positiva.

Proceso de empoderamiento

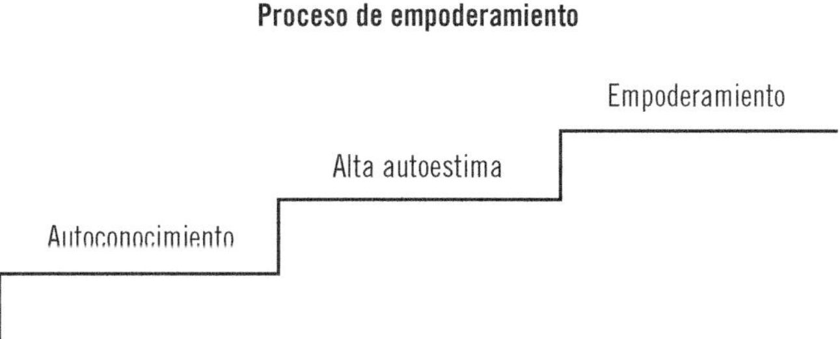

4.1. Autoconocimiento

El autoconocimiento es un proceso reflexivo por el cual la persona toma conciencia de su yo y de sus propias cualidades y características.

Iniciar un proceso de autoconocimiento significa saber qué se quiere en la vida e identificar los recursos personales y sociales de apoyo con los que se cuenta y las competencias a desarrollar para así alcanzar las metas, tanto personales como profesionales.

Va a englobar una serie de aspectos como son:

a. **Características personales:** son el conjunto de rasgos que definen a una persona. Incluye la forma de verse a uno mismo y cómo se es visto por las demás personas. Es importante valorar qué tipo de persona somos: activas, discretas, tranquilas, luchadoras, indecisas, habladoras, mañosas, cautas, cariñosas, agresivas, inteligentes, ambiciosas, valientes, etc.
b. **Habilidades y capacidades:** son características de las personas, que dependen tanto del aprendizaje (escuela, familia, trabajo, etc.) como de las características personales. Los principales tipos son las habilidades y capacidades motrices, sociales, comunicativas, artísticas, afectivas, intelectuales y manipulativas.
c. **Competencias:** son las características subyacentes en una persona vinculadas a la capacidad y destreza para realizar algo en particular o tratar un tema determinado. Suelen estar relacionadas con el desempeño de un puesto de trabajo, pero igualmente ayudan al desarrollo personal y social como personas. Algunas competencias son la iniciativa, templanza, liderazgo, capacidad de negociación, capacidad de aprendizaje, ética, innovación, trabajo en equipo, anticipación a los cambios, creatividad, etc.

Elementos que componen las competencias de una persona

Persona

CONOCIMIENTOS
Lo que se sabe o no se sabe

HABILIDADES
Lo que se sabe o no se sabe hacer

APTITUDES
Lo que puede o no puede hacer

ACTITUDES
Lo que quiere o no quiere hacer

Competencias

Y como seres sociales, no se puede obviar que el entorno familiar, social y político de alrededor influye y exige en determinadas ocasiones asumir unos determinados roles casi sin darse cuenta y a asumirlos como si fuesen propios.

Sabía que...

El origen del autoconocimiento se encuentra en el feminismo de los años sesenta. En aquella época los "problemas de las mujeres" estaban invisibilizados, pero las mujeres empezaron a reunirse y a comprender que ciertos problemas (discriminación en el empleo, ausencia de placer sexual, acoso laboral, etc.), se originaban por determinadas conductas y estructuras que había que conocer y cambiar.

Actividades de autoconocimiento

A continuación, se proponen algunas actividades que favorecen el autoconocimiento personal y valoración de las personas:

1. **Escribir una redacción describiéndose a sí mismo.** En el primer párrafo describa como se ve, en el segundo párrafo como le ve su pareja o mejor amigo/a y en el tercero describa tal y como le vería alguien que no le conociera y es la primera vez que le ve.
2. **Logros personales y profesionales.** En dos filas, poner las seis cosas o logros que más valora de su vida, a nivel personal y profesional y en la otra poner las seis características que, en su opinión, son lo mejor de sí mismo.
3. **¿Cómo creo que soy yo? Y, ¿cómo me ven los demás?** Autocalifique de 1 punto (rasgo muy débil) a 10 puntos (rasgo muy fuerte) en cada uno de los rasgos subrayados. Sea una persona objetiva y honesta consigo misma. Luego, consulte a quien le conozca y aprecie, y merezca su respeto, ¿cómo le ve realmente? Indique al lado su calificación. Considere, si es el caso, el motivo por el cual la calificación de la otra persona es muy distinta de la suya, y expréselo brevemente.
   Ejemplos de rasgos personales: persona abierta, adaptable, agresiva, ambiciosa, activa, analítica, asertiva, cauta, emprendedora, estable, exigente, extrovertida, fiable, firme, formal, honesta, conciliadora, comunicativa, constante, creativa, desenvuelta, dura, discreta, dialogante, hábil, independiente, imaginativa, líder, lógica, leal, mandona, madura, eficaz, eficiente, negociadora, ordenada, optimista, paciente, persistente, persuasiva, aventurera, con conciencia social, asertiva, metódica, minuciosa,

polivalente, responsable, resolutiva, tolerante, tenaz, precisa, artística, amante de retos, comprometida, segura de sí, trabajadora, sincera, digna de confianza, práctica, sociable, autónoma, inteligente, perfeccionista, sensible, con sentido del humor, divertida, amable, curiosa, etc.

4.2. Autoestima

La autoestima se refiere a la valoración que hace la persona de sí misma en función de los pensamientos, sentimientos y experiencias propias.

Para Marcela Lagarde (2000), la autoestima es el conjunto de experiencias subjetivas y de prácticas de vida que cada persona experimenta sobre sí misma. La autoestima conformada por los pensamientos, los conocimientos, las dudas, las elucubraciones y las creencias acerca de una misma pero también, sobre las interpretaciones de lo que sucede y lo que hace que suceda.

Desde la reflexión de las experiencias individuales y desde las colectivas que proporcionan las organizaciones, se podrán desarrollar habilidades personales y sociales que permitan conocer y reconocer los propios sentimientos, interpretar o afrontar las emociones de los demás, enfrentar la culpa y la frustración, sentirse bien consigo misma y con los propios comportamientos y lograr los retos propuestos.

La inteligencia emocional ha puesto de relieve ciertas competencias emocionales como son la autoconciencia, la autorregulación, la empatía, las habilidades sociales y la motivación, sin las cuales no es posible conocerse a sí mismo/a y así favorecer el empoderamiento propio y colectivo.

Definición

Inteligencia emocional
Capacidad de reconocer, entender, controlar y modificar los sentimientos propios y de los demás. A través de la información que proporcionan las emociones se define lo que uno es, lo que se percibe y lo que se siente.

Las mujeres que posean un buen nivel de autoestima sabrán y podrán defender sus sentimientos y opiniones, podrán dirigirse a los demás dando valor a sus argumentos y no se sentirán culpables por hacer aquello que desean y que creen que deben hacer.

Una autoestima positiva vendrá siempre precedida por un buen autoconocimiento de sí misma. Por eso es importante conocer qué habilidades, características personales y competencias se tienen para valorarse y actuar con seguridad y firmeza. Además es fundamental conocer también los pensamientos negativos que se tienen sobre sí mismas, lo que permitirá saber qué opinión se tiene realmente de la propia valía.

¿Cómo mejorar la autoestima?

Para conseguir elevar el nivel de autoestima es necesario:

1. Ser conscientes de la propia valía: lo que implica conocer las propias actitudes y las de los demás.
2. Reconocer los sentimientos negativos y convertirlos en positivos. Por ejemplo: tengo cosas importantes que decir en vez de mejor no digo nada; o tengo éxito cuando me lo propongo en vez de no puedo hacer nada.
3. Aceptarse a sí misma/o, asumiendo las limitaciones y no culpabilizándose.
4. No generalizar las experiencias negativas que se hayan tenido en ciertos momentos y ámbitos de la vida.
5. Asumir las propias responsabilidades.
6. Hacerse consciente de los logros alcanzados, tanto pasados como presentes. Por ejemplo, hacer un balance semanal de logros.
7. Confiar en nosotros/as mismos/as, actuando siempre de acuerdo a los que se piensa y se siente, sin otorgar demasiada importancia a la aprobación o no de los demás.
8. Esforzarse por mejorar en aquellos aspectos con los que nosotros/as mismos/as no se está satisfecha.
9. Premiarse y perdonarse, es decir, si se hace algo bien se dará un premio de algo que guste y saber qué cosas mal hechas se quieren y se está dispuesta a perdonarse.
10. No compararse, todas las personas son diferentes y todas poseen cualidades positivas y negativas.

11. Tomarse un tiempo propio para hacer lo que se tenga ganas o simplemente no hacer nada.
12. Reírse.

Actividades

7. ¿De qué dependen las competencias de una persona?
8. ¿Es posible empoderarse sin conocerse a sí mismo/a? ¿Por qué?

5. Cambio actitudinal y ruptura de estereotipos de género

Los estereotipos de género se definen como aquellas cualidades y características psicológicas y físicas que la sociedad asigna a mujeres y hombres.

Los estereotipos crean un modelo de ser hombre y ser mujer que los impulsa a desempeñar tareas y funciones y a asumir comportamientos considerados propios de un sexo u otro.

A estos comportamientos y pautas de acción establecidas para mujeres y hombres y perpetuadas según las premisas vigentes en una sociedad patriarcal es a lo que se llama roles de género.

Pues bien, estos estereotipos y roles de género hacen que las expectativas de futuro de hombres y mujeres no se desarrollen en igualdad de condiciones y que vengan determinadas por modelos impuestos y no por lo que se sería capaz de hacer o se desea.

Los roles y estereotipos de género influyen en la participación de la vida social y política donde se toman las decisiones sobre el futuro y la evolución de la sociedad.

Las mujeres no participan por igual en los órganos de poder y decisión de las instituciones y organismos, hoy en día es un hecho constatable que en la mayoría de las democracias actuales no existe una representación equilibrada entre mujeres y hombres.

Algunos de los estereotipos de género se pueden observar en la figura siguiente:

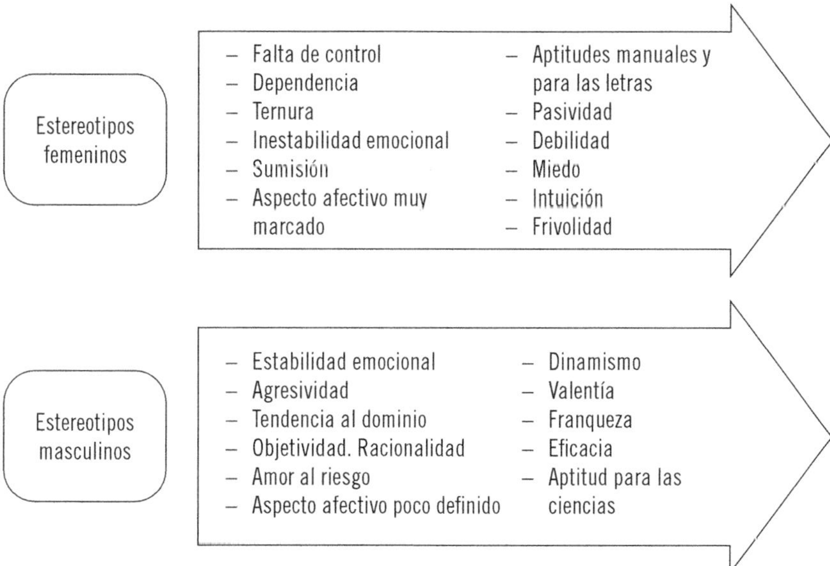

Cuestionar el orden de género pasa por cambiar comportamientos, roles, y especialmente sentimientos, que dependen no solo del grupo o la realidad que rodea a la persona, sino también de la propia voluntad personal.

Nota

¿Cómo se podrá detectar un estereotipo de género? Preguntándose si la característica, actitud o actividad que se aplica a un hombre también se puede aplicar a una mujer y viceversa. Por ejemplo: ¿no hay mujeres seguras? ¿No hay hombres seductores?

Desde la escuela, la familia, los grupos de iguales, las redes sociales, los medios de comunicación, las asociaciones, etc., se podrá apoyar este cuestionamiento del género vigente, pero sin olvidar que cualquier cambio de género implica un proceso de cambio interno, cuyo ritmo y características es específico de cada persona.

Es necesario poner en valor nuevos patrones de comportamiento asociados al género cuyo fin sea reducir las diferencias entre hombres y mujeres, y que la mayor parte de la sociedad se comporte y piense bajo estos valores.

5.1. ¿Cómo provocar el cambio actitudinal y ruptura de estereotipos?

Se pueden establecer diferentes áreas o sectores de trabajo, en los que centrar las actuaciones y acciones de sensibilización, como son la asignación de responsabilidades económicas y familiares, el ámbito laboral en función del sexo, reconocimiento del trabajo doméstico y del cuidado, sensibilización en defensa de la igualdad y coeducación.

Asignación de responsabilidades económicas y familiares

Para provocar el cambio actitudinal y eliminar los estereotipos de género en esta área se deben poner en marcha actuaciones del tipo:

- Incorporar la perspectiva de género en los contenidos y uso del lenguaje y la imagen que se da de hombres y mujeres en los medios de comunicación públicos y privados. Para incorporar la perspectiva de género sería necesario la sensibilización y formación del colectivo profesional responsable mediante la creación de una figura experta en temas de género y comunicación y/o la elaboración de libros de estilo de difusión pública con perspectiva de género.

- Diseñar campañas publicitarias que promocionen la participación de las mujeres en todas las actividades sociales, políticas, científicas, económicas y culturales en condiciones de igualdad.
- Elaborar y divulgar estudios comparativos del trabajo llevado a cabo por mujeres de distintas categorías profesionales, incluyendo el tiempo dedicado al trabajo productivo y reproductivo.
- Organizar espacios de reflexión, en los que se analice el modelo social actual y se incremente el reconocimiento de la aportación de las mujeres y del feminismo a la historia, la cultura o el arte, espacios de reflexión como jornadas, congresos, publicaciones, cursos de formación, etc.
- Generar conocimiento con perspectiva de género en el ámbito de la economía, la fiscalidad y el presupuesto público.

Trabajo productivo

Es aquel que engloba las tareas relacionadas con la vida económica, política y social. Es un trabajo con reconocimiento y prestigio social y en el que se ejerce el poder.

Trabajo reproductivo o doméstico

Abarca las tareas relacionadas con la organización y cuidado de la familia. Está invisibilizado socialmente y posee menos prestigio social.

Aplicación práctica

Analice la siguiente imagen:

- **¿Qué imagen proyecta de las mujeres?**
- **¿En qué ámbito las sitúa, en el privado o en el público?**
- **¿Qué responsabilidades les asigna, las familiares o las económicas?**
- **Imagine la misma escena pero cambiando el sexo de sus integrantes.**

SOLUCIÓN

Proyecta una imagen estereotipada, en la que se presenta a una mujer con rostro de felicidad, porque consigue ser la mejor en la función que se le ha asignado, conseguir tener la ropa más limpia posible.

La sitúa evidentemente en el ámbito privado, donde se realiza el trabajo doméstico y la crianza de los hijos e hijas. Y es que además la presenta como modelo para las futuras generaciones, pues la niña que aparece en el anuncio debe tener entre sus aspiraciones, ser una perfecta ama de casa.

Les asigna las responsabilidades familiares, por lo tanto las sitúa en el ámbito que tiene que ver con el trabajo reproductivo, con actividades no mercantiles y por lo tanto no tiene valor y permanece en un segundo plano.

Continúa en página siguiente >>

<< Viene de página anterior

Si se cambiara el sexo de las personas del anuncio, en la medida en que se consiga que esa imagen no resulte chocante, se habrá conseguido la ruptura de ese estereotipo y además se contribuiría a normalizar la responsabilidad de las tareas del hogar como una actividad conjunta de todos los miembros que compongan la unidad familiar.

Ámbito laboral en función del sexo

Para provocar el cambio actitudinal y eliminar los estereotipos de género en esta área se deben poner en marcha actuaciones del tipo:

- Realizar un análisis por sectores y ramas de ocupación, sobre los estereotipos y roles asignados tradicionalmente a mujeres y hombres y las barreras encontradas para la reducción de la segregación vertical y horizontal.
- Diseñar y divulgar buenas prácticas entre los sindicatos, organizaciones empresariales, colegios y asociaciones profesionales y empresas del sector, relacionadas con la detección y adecuación al principio de igualdad de la asignación diferencial de ocupaciones y responsabilidades a mujeres y hombres en la empresa.
- Realizar campañas de comunicación y sensibilización que visualicen y fomenten la presencia de las mujeres en las diferentes ocupaciones y responsabilidades del ámbito laboral.
- Formar a los colectivos profesionales de los servicios públicos de empleo en materia de género y liderazgo femenino.
- Fomentar y subvencionar la creación de redes de profesionales y empresarias. Algunos ejemplos de estas redes son: <https://www.womenalia.com/> o <www.mujeresenred.net>.
- Incluir en los manuales para la realización de los Planes de Responsabilidad Social Empresarial y Planes para la Igualdad en las Empresas, la importancia de reflexionar y diversificar las funciones que mujeres y hombres realizan dentro de la empresa.
- Crear base de datos compuestas por mujeres referentes en todos los ámbitos profesionales y laborales (ciencias sociales, ingeniería, física, etc.).

Definición

Segregación vertical
Implica que las mujeres ocupan las escalas más bajas en la distribución jerárquica de las empresas, lo que impide su participación en la toma de decisiones.

Segregación horizontal
Es la concentración de las mujeres en determinadas ocupaciones y/o familias profesionales vinculadas a las tareas derivadas de los cuidados.

Reconocimiento del trabajo doméstico y del cuidado

Reconocimiento que pasa por implicar más y mejor a los hombres, instituciones, sindicatos, empresariado, y sociedad civil mediante acciones como:

- Mejorar y difundir el conocimiento y reconocimiento del trabajo doméstico y de cuidados mediante su cuantificación, análisis de las características y valoración, haciendo hincapié en el ahorro público que supone el trabajo gratuito de las mujeres en la esfera doméstica y de cuidados.
- Fomentar la corresponsabilidad de hombres y mujeres en el espacio privado, mediante acciones comunicativas y de sensibilización como congresos, jornadas de reflexión, diseño y ejecución de acciones ejemplarizantes por parte de las personas con responsabilidad política.
- Incluir diseños curriculares relativos al cuidado y a la corresponsabilidad, en todos los ciclos y ámbitos formativos.

Sabía que...

La Confederación Española de Organizaciones de Amas de Casa calculó en su día el sueldo de una mujer que realiza el trabajo doméstico asciende a 1.750 €, similar al de un técnico cualificado y llegando a ejercer hasta 40 ocupaciones.

Sensibilización en defensa de la igualdad

La sensibilización supone realizar actuaciones como las siguientes:

- Informar a las personas responsables de comunicación de las administraciones e instituciones públicas de las políticas que se están llevando a cabo en materia de igualdad y así trasladarlas a la ciudadanía en general.
- Apoyar a las AMPA (Asociación de Madres y Padres de Alumnos) y centros escolares para que realicen campañas de sensibilización sobre los estereotipos de género en el ámbito familiar, escolar y social, así como sus consecuencias.
- Impulsar e incentivar a los colectivos de hombres jóvenes y adultos que trabajan por la igualdad.

Coeducación

Romper estereotipos de género en el ámbito educativo significa emprender acciones como las siguientes:

- Impulsar la creación de una red de centros que trabajan la coeducación.
- Difundir las buenas prácticas en materia de coeducación.
- Formar y sensibilizar al profesorado de los centros docentes de primaria y secundaria.
- Considerar la igualdad de género como una cuestión prioritaria en la convocatoria de ayudas a la mejora de la práctica pedagógica: proyectos de formación, de investigación, de innovación, etc.
- Realizar un análisis de los libros de textos que se utilizan en los centros educativos de primaria y secundaria desde una perspectiva de género.

Según el artículo 19 de la Ley Orgánica 3/2007, de 22 de marzo, para la igualdad efectiva de mujeres y hombres: *los proyectos de disposiciones de carácter general y los planes de*

Continúa en página siguiente >>

<< Viene de página anterior

especial relevancia económica, social, cultural y artística que se sometan a la aprobación del Consejo de Ministros deberán incorporar un informe sobre su impacto por razón de género.

Actividades para trabajar los estereotipos de género

A continuación, se proponen una serie de actividades para trabajar en grupo el cambio actitudinal y ruptura de estereotipos.

Revoltijo de estereotipos

Mediante esta actividad se pretende provocar una reflexión acerca de cómo el sexo de las personas induce a otorgar diferentes cualidades y características a hombres y mujeres, determinando el comportamiento en la sociedad y provocando la desigualdad participación en diferentes áreas como el empleo, la política, la economía, la educación, etc.

Una vez que el grupo ha asignado los estereotipos a hombres y mujeres se plantean las siguientes cuestiones:

- ¿Influyen los estereotipos en nuestras vidas? ¿De qué manera influyen?

- ¿Qué consecuencias tienen sobre la libertad de elección de las personas?
- ¿Qué se piensa de una mujer ambiciosa? ¿Y de un hombre ambicioso? ¿Qué se piensa de una mujer dócil? ¿Y de un hombre dócil?

El concepto de género

Para realizar esta actividad se forman grupos mixtos de entre 4 y 6 personas. Se les solicita que escriban en una columna lo primero que les sugiera la idea de mujer y en otra la de hombre.

A continuación, se ponen en común los resultados, escribiendo una lista amplia de adjetivos para ambos, el análisis muestra que la mayor parte son estereotipos de género.

Si finalmente se pide que trace un círculo sobre las características que solo pueden asignarse a hombres o mujeres, es cuando aparecen las diferencias biológicas o sexuales, el resto pueden cambiarse y son consecuencia de construcciones culturales estereotipadas de lo que se debe ser si se es hombre o si se es mujer.

¿Cómo se usa el propio tiempo? ¿Cómo lo usan los demás?

Con esta actividad se pretende que cada participante analice y reflexione sobre el tiempo que dedica a las tareas domésticas y a responsabilizarse del bienestar familiar, así como de lo demás integrantes de la unidad familiar.

En la siguiente tabla se propone por un lado una serie de actividades que se realizan en el hogar y las personas que componen la unidad familiar, para así ir poder anotando el tiempo que le dedican cada una a esas tareas.

Actividad	Madre	Padre	Hijo	Hija	...
Sueño					
Cuidados personales					

Continúa en página siguiente >>

<< Viene de página anterior

Actividad	Madre	Padre	Hijo	Hija	...
Cuidados familiares					
Tareas domésticas					
Trabajo remunerado					
Formación					
Voluntariado					
Relaciones sociales					
Tiempo libre					
Otras actividades					

Actividades

9. Desde el área de urbanismo y movilidad del ayuntamiento de su municipio van llevar a cabo una reordenación del transporte público en la ciudad. ¿Cómo se tendrían en cuenta las necesidades de movilidad de las mujeres y de los hombres?
10. Analice los anuncios publicitarios que se emiten actualmente, y analice si siguen perpetuando estereotipos de género vistos en el capítulo.
11. Reflexione sobre el siguiente enunciado: *la función de dar a luz corresponde a las mujeres, es decir, es un hecho biológico, pero... ¿el cuidado de los hijos e hijas se puede compartir?*
12. Reflexione cómo ha evolucionado la formación realizada por las mujeres de su familia: ¿Qué ha estudiado? ¿Qué estudio su madre? ¿Y su abuela?

6. Habilidades sociales y de comunicación

Las relaciones con otras personas son tan fundamentales y cotidianas que constantemente se tiene que echar mano del recurso personal más básico y fundamental, la comunicación, para conseguir lo que se desea: información, empleo, hacer valer los derechos, etc. Estos recursos personales que se emplean para conseguir los objetivos y relacionarse con los demás es lo que se denominan habilidades sociales o competencias sociales.

Sin duda para empoderarse individualmente como colectivamente se requieren de una serie de habilidades sociales como las siguientes:

- **Tolerancia:** significa respetar las opiniones y las ideas de las demás personas, aunque sean contrarias o distintas de uno mismo.
- **Respeto:** aceptar y comprender tal y como son las demás personas, tratándolas de acuerdo a su dignidad, su forma de pensar, y delimitar hasta donde llegan mis posibilidades y donde empiezan las de los demás.
- **Liderazgo:** capacidad de inspirar y guiar a las personas y al grupo en su conjunto.
- **Empatía:** es aquella habilidad que permite comprender y experimentar el punto de vista de otros, sin por ello tener que estar de acuerdo. Es escuchar al otro en silencio, recapitularlo con sus mismas palabras y expresar después lo que se piensa.
- **Capacidad de colaboración y cooperación grupal:** ser capaz de trabajar con otras personas para alcanzar objetivos comunes y a la vez crear sinergia para la consecución de las metas colectivas.
- **Resolución de conflictos:** se refiere a la capacidad de negociación y de resolución de desacuerdos que se presenten en el seno del grupo.
- **Asertividad:** se define como el comportamiento orientado hacia la solución de problemas. Ser asertivo/a significa saber definir y defender tus derechos y opiniones y respetar los de los demás, significa también expresarse con claridad y coherencia, y ser responsable y consecuente de los propios actos.

6.1. La escucha activa

La comunicación es un proceso en el que dos o más personas expresan opiniones y comportamientos, recogiendo información del contexto, procesando esa información, relacionándola con sentimientos y emociones propias y provocando una acción determinada. Cuando una persona influye en otra, incluso sin hablar, se puede decir que existe comunicación.

Para lograr una comunicación efectiva con la sociedad se requiere del cumplimiento de estos cuatro requisitos:

Hablar el mismo lenguaje que las personas a las que se dirigen	Hablar de los problemas y situaciones que más preocupan a las personas
Conocer las opiniones de las personas a las que se dirige el mensaje	Hablar de un modo breve y concreto

Uno de los principios más importantes y difíciles de todo el proceso comunicativo es el saber escuchar. Se está más tiempo pendiente de las propias emisiones, y en esta necesidad propia de comunicar se pierde la esencia de la comunicación, es decir, poner en común, compartir con los demás.

La escucha activa es una de las habilidades más importantes y complejas del proceso comunicativo.

Significa escuchar y entender la comunicación desde el punto de vista del que se habla, es decir, de una manera empática, y fijándose también en los sentimientos, ideas o pensamientos que se quieren transmitir.

Implica observar e interrogarse continuamente e ir detectando las palabras e ideas claves que se transmiten en el transcurso de la conversación.

Importante

¿Por qué es importante la escucha activa? Para demostrar consideración a la otra persona, crear un clima de confianza, cooperación y receptividad y disminuir la competitividad y la tensión.

Para lograr una escucha activa es necesario tener en cuenta una serie de elementos y entrenar una serie de habilidades.

Los elementos que la facilitan son:

- Disposición psicológica para escuchar a la otra persona y observar e identificar el contenido de lo que dice y los sentimientos que expresa.
- Expresar y transmitir lo que se está escuchando tanto verbalmente: con expresiones como *ya veo, umm,* etc.; como no verbalmente: contacto visual, gestos, inclinación del cuerpo, etc.

Los elementos que la dificultan son:

- Distraerse.
- Interrumpir a quien está hablando.
- Juzgar.
- Ofrecer ayuda o soluciones prematuras.
- Contra argumentar.
- Rechazar lo que la otra persona siente.
- Contar la propia historia personal cuando la otra persona necesita hablar.

Las habilidades serían las siguientes:

1. **Mostrar empatía:** es escuchar los sentimientos y entender los motivos de la otra persona. Es ser capaz de ponerse en su lugar, pero lo que no implica aceptar ni estar de acuerdo con su posición.
   Ejemplos de expresiones empáticas son: *entiendo lo que siente, noto que...,* etc.
2. **Parafrasear:** es la capacidad para decir con las propias palabras lo que parece que la otra persona acaba de emitir y así no malinterpretar su mensaje.
   Ejemplos de parafrasear son: *entonces, según se ve, lo que pasaba era que..., ¿quiere decir que se sintió...?*
3. **Pronunciar palabras de refuerzo:** se refiere a la verbalización de palabras o expresiones dirigidas a reforzar el discurso de la otra persona, mostrándole acuerdo y comprensión.

Ejemplos como: *esto es muy interesante, Me encanta hablar contigo, debes ser muy buena en tu trabajo, ¡estupendo!, Bien.*

4. **Resumir:** a través de la cual se informa a la otra persona del grado de comprensión del mensaje o bien si se necesita alguna aclaración. Ejemplos como: *si no le he entendido mal..., o sea, que lo que me está diciendo es..., a ver si le he entendido bien...., ¿es correcto?, ¿estoy en lo cierto?*

Aplicación práctica

Ante las siguientes situaciones cómo mostraría una escucha activa:

1. **Está atendiendo en la consulta del Centro Asesor de la Mujer en el que trabaja a una usuaria que requiere una atención personalizada debido a problemas relacionados con una baja autoestima causada por una situación de violencia de género.**
2. **Está presentando el informe de evaluación de un proyecto en el Consejo de Administración de la empresa a la que pertenece, y hay un compañero que continuamente le está interrumpiendo.**
3. **Desde la Asociación de Mujeres han convocado una jornada de trabajo en la que decidir sobre qué ámbitos planificar las acciones formativas para el próximo año, y no terminan de ponerse de acuerdo cuáles van a ser las áreas prioritarias.**

SOLUCIÓN

1. Ante esta situación es fundamental que la persona usuaria note que importa lo que está transmitiendo y que sus sentimientos y opiniones son importantes para la persona que la escucha. Sería aconsejable utilizar expresiones como: entiendo lo que siente, esto que me cuentas es muy importante para...; además de adoptar una buena comunicación no verbal, con un contacto visual adecuado y sonreír de vez en cuando. Hay que procurar también no interrumpir su discurso ni rechazar lo que se cuenta con expresiones como no se preocupe, eso no es nada.
2. De una forma empática se debe hacer ver a su compañero, por ejemplo, con la expresión: noto que le interesa el tema que se está tratando, pero..., que aún no ha terminado su exposición y que por supuesto al final de la misma habrá de un tiempo para intercambiar información y opiniones sobre el informe.

Continúa en página siguiente >>

<< Viene de página anterior

3. En reuniones de trabajo donde es necesario tomar decisiones sobre temas importantes, es fundamental que el/la responsable de dirigir la reunión tenga capacidad de escuchar a todas las personas y a la vez capacidad de resumir transmitiendo que se están teniendo en cuenta todas las inquietudes de los participantes.
   Expresiones como: a ver si le he entendido bien..., Estupendo o, ¿estoy en lo cierto?, ayudan a conseguir el objetivo y favorecen la escucha activa.

---

7. Servicios, estructuras y organizaciones que favorecen el empoderamiento de las mujeres

Aunque a lo largo de los capítulos anteriores se han analizado diferentes servicios, estructuras y organizaciones que favorecen el empoderamiento y la igualdad de género, se vuelven a nombrar en este apartado.

Antes de pasar a enumerarlos, se deberá tener presente si verdaderamente todos estos agentes de cambio permiten a las mujeres modificar sus autoimágenes y sus sentimientos de inferioridad, así como sus creencias sobre sus derechos y capacidades.

Cada uno de aquellos servicios, estructuras u organizaciones que se pongan en marcha no deben adoptar un enfoque asistencial ni paternalista, que se dediquen a resolver problemas inmediatos y necesidades prácticas, sino que deben intervenir desde una visión política y transformadora de la realidad. Deben promover también una participación equitativa, para lo que es necesario consultar a los participantes, invitarles a opinar y a tomar sus propias decisiones.

7.1. Servicios y estructuras

Todos aquellos servicios y estructuras que favorezcan el empoderamiento de las mujeres, sean de iniciativa pública o privada deben responder a las necesidades prácticas e inmediatas de las mujeres y a la vez generar las condiciones necesarias para que permitan cambiar su posición en las relaciones de género, tanto en el Estado, como en el mercado de trabajo, la comunidad o el hogar.

Los servicios y estructuras que impulsan y favorecen procesos de empoderamiento de las mujeres son los que se describen a continuación.

Consejos de Participación de las Mujeres

Los Consejos de Participación de las Mujeres son órganos de representación de las mujeres, que sirven como cauce de participación e interlocución de las asociaciones y colectivos de las mujeres con los poderes públicos.

Entre sus funciones se encuentran las de velar por el incremento de la participación de las mujeres en los órganos de gobierno y en los procesos de toma de decisión, tanto en el ámbito público como privado y la promoción de la participación de las mujeres en la vida política, económica, cultural y social.

Planes Estratégicos de Igualdad

El III Plan Estratégico para la Igualdad Efectiva de Mujeres y Hombres 2022-2025 cuenta con distintas líneas de trabajo con objetivos específicos y operativos. Su contenido incluye políticas públicas relacionadas con la participación y transversalidad, los salarios de las mujeres, las medidas de empleo, la aplicación del principio de interseccionalidad y medidas específicas para cubrir las necesidades de determinados colectivos de mujeres.

Escuelas de Empoderamiento

Una escuela de empoderamiento sirve para promover la participación política y social de las mujeres y su liderazgo, de forma que puedan influir en las políticas públicas.

A través de programas formativos se crean cauces de participación entre los participantes, con el fin de impulsar la organización y movilización social de las mujeres, para así estar presentes en la vida pública local, en las asociaciones de vecinos y vecinas, asociaciones culturales, en los partidos políticos, etc.

Centros Asesores de la Mujer

Los Centros Asesores de la Mujer ofrecen un servicio de atención personalizada, asesorándote y orientándote en diversas áreas como la social, psicológica, jurídica, empleo, violencia de género, etc.

Se coordinan con el resto de organismos que intervienen, ya que la atención puede ser directa en el propio centro o bien a través del diagnóstico profesional, derivada a otros departamentos o instituciones como los servicios de empleo, el servicio público de salud, los Servicios Sociales, etc.

Unidad de Igualdad de Género

Se define como: *aquellas unidades administrativas que se constituyen para la integración del principio de igualdad de género en el conjunto de las actuaciones y normas emanadas de la Administración Pública.*

La misión de estas unidades es impulsar, coordinar e implementar el proceso de integración de la perspectiva de género en la planificación, gestión y evaluación de las respectivas políticas.

Redes de Organizaciones de Mujeres

Su fin no es otro que crear espacios para trabajar por la igualdad efectiva entre mujeres y hombres e intercambiar experiencias y conocimientos.

Sirven para mejorar la autoestima y la confianza, ya que, las mujeres saben que no están solas y que pueden encontrar apoyo en caso de necesitarlo.

Observatorios de Igualdad

La función de estos órganos especializados en género e igualdad de oportunidades es la de orientar, examinar, evaluar y divulgar información relacionada con las políticas de igualdad y de género realizadas en las distintas instituciones y organismos tanto públicos como privados.

Existen varios tipos de observatorios, dependiendo del tema o ámbito a tratar, como puede ser la imagen de las mujeres en la publicidad y medios de comunicación, de Violencia de Género, de Salud de las Mujeres u observatorios genéricos sobre igualdad y género.

Planes de Igualdad en las Empresas

Según al art. 46 de la Ley Orgánica 3/2007, los planes de igualdad:

> *Son un conjunto ordenado de medidas, adoptadas después de realizar un diagnóstico de situación, tendentes a alcanzar en la empresa la igualdad de trato y de oportunidades entre mujeres y hombres y a eliminar la discriminación por razón de sexo.*

A Nivel Europeo

Desde la Unión Europea se han dispuesto también una serie de estructuras para garantizar el progreso de la igualdad y favorecer así procesos de empoderamiento como son el Consejo EPSCO (Consejo de Empleo, Política Social, Sanidad y Consumidores) que aborda entre otros asuntos, los relacionados con la igualdad de género; el Grupo de alto nivel sobre la incorporación de la perspectiva de género y el Comité Consultivo sobre Igualdad de Oportunidades para mujeres y hombres, que colaboran en esta materia con la Comisión Europea; la comisión Derechos de la Mujer e Igualdad de Género, del Parlamento Europeo; y el Instituto Europeo de Igualdad de Género (EIGE).

7.2. Organizaciones

En relación al empoderamiento de las mujeres, destacar el papel fundamental que juegan las asociaciones y redes de mujeres, como espacios para desarrollar su autoconfianza, participar en la vida pública de sus territorios y abrir nuevos espacios de solidaridad y empleo fuera del ámbito privado.

A través de las asociaciones, las personas pueden desarrollar sus capacidades y emprender los cambios necesarios para conseguir objetivos conjuntos que incidan en la calidad de vida de las personas.

Actividades

13. Busque en Internet el último plan estratégico para la igualdad de Andalucía y extraiga de él las medidas dirigidas a impulsar la participación equilibrada entre mujeres y hombres.
14. ¿Conoce si en su Ayuntamiento existe algún Plan Municipal o Local de Igualdad? En caso afirmativo, ¿contempla alguna actuación en materia de empoderamiento de las mujeres? En caso negativo, busque en otros planes municipales o locales de igualdad qué acciones favorecen el empoderamiento de las mujeres.

8. Desarrollo de procesos de acompañamiento, asesoramiento para la participación y la toma de decisiones

La decisiones correctas son aquellas que se toman con el menor riesgo posible, y para eso cuanto más información se tenga, más fácil será analizar las alternativas y valorar las consecuencias.

8.1. La toma de decisiones autónoma y responsable

Cuando una persona aprende a pensar por sí misma, a analizar y reflexionar sobre la realidad de un modo consecuente y de forma razonada, es cuando se aprende a tomar decisiones autónomas y responsables.

Las decisiones tomadas de este modo significan que la persona es consciente de la decisión tomada y conoce y acepta las consecuencias.

Afrontar un problema o decisión importante requiere de un análisis previo en el que se estudie qué es lo que se puede hacer, valorando todas las posibles opciones.

El proceso de toma de decisiones se puede practicar y mejorar, y para eso se propone el siguiente método:

1. **Identificar y seleccionar el problema.** Hay veces que solo existe un problema determinado y habrá que preguntarse: ¿qué es lo que se desea conseguir ante esa situación? En otras ocasiones se identifican varios problemas y es necesario decidir cuál se va a abordar. Es necesario en ambos casos describir cómo está la situación y cómo estaría si se resolviese el problema.
2. **Buscar alternativas.** Realizar un listado con las posibles soluciones o alternativas, ya que cuantas más se ocurran, más posibilidades se tendrán de escoger la mejor. En esta fase, es importante preguntar a las personas de alrededor su opinión, con el objetivo de ampliar las posibles soluciones.
3. **Seleccionar y planificar las consecuencias de cada alternativa.** Se trata de valorar los aspectos positivos y negativos de cada alternativa a corto y a largo plazo y tanto para nosotros/as como para otras personas. Una vez expuestas las ventajas e inconvenientes, se trata de ponerlas en una balanza y valorar si el resultado es positivo, es decir, tiene más ventajas o bien es negativo.
4. **Aplicar la alternativa elegida y evaluar los resultados.** Una vez que se toma la decisión, se debe ser responsable de ella, así como evaluar los resultados obtenidos y analizar si eran los esperados o si se tiene que readaptar la decisión y cambiar aquellos aspectos que todavía no son satisfactorios.

Aplicación práctica

Ante las siguientes situaciones cómo asesoraría en el proceso de toma de decisiones:

- **Situación A. A una trabajadora, responsable del área de ventas de una empresa dedicada a la fabricación y exportación de calzado y madre de dos hijos de 9 y 12 años, le proponen si quiere ascender profesionalmente y dirigir una campaña de promoción en un país extranjero, durante seis meses.**

Continúa en página siguiente >>

<< Viene de página anterior

- **Situación B. Después de varios años desempleada, le han ofrecido la oportunidad de realizar un curso de formación con compromiso de contratación en un ámbito laboral distinto a su titulación y experiencia laboral.**

SOLUCIÓN

Situación A. El problema ya se encuentra identificado, por lo que es importante definir qué es lo que la persona quiere conseguir ante la situación o problema planteado: promoción laboral.

El proceso a seguir para asesorar en el proceso de toma de decisiones sería el siguiente:

1. Recibir información sobre la participación de las mujeres en la actividad empresarial española y en puestos de mayor responsabilidad y sobre corresponsabilidad.
   Para esta situación es muy importante conocer la opinión de las demás personas implicadas en la decisión, como son su pareja e hijos.
2. Valorar los aspectos positivos y negativos de aceptar dirigir la campaña: ascenso laboral con la consecuente mejora económica y el reconocimiento profesional; el grado de compromiso de su familia ante este nuevo reto, menor tiempo de dedicación a sus hijos, oportunidad de formación y cualificación, etc.
3. Realizar el proceso de acompañamiento de la decisión tomada, haciendo especial hincapié en la evaluación de los resultados obtenidos y posibilidad de cambiar aquellos aspectos no satisfactorios.

Situación B. El problema ya se encuentra identificado, por lo que es importante definir qué es lo que la persona quiere conseguir ante la situación o problema planteado: lograr un empleo remunerado.

El proceso a seguir para asesorar en el proceso de toma de decisiones sería el siguiente:

1. Recibir información/asesoramiento sobre orientación laboral y sobre el mercado de trabajo del área relacionada con el curso de formación.
   Es importante conocer también la situación personal para saber de la disponibilidad y expectativas laborales.
2. Valorar los aspectos positivos y negativos de realizar el curso: oportunidad de desempeñar un empleo después de un tiempo continuado en desempleo, el no aprovechamiento del tiempo y esfuerzo empleado en formarse en una ocupación, oportunidad de conocer a otras personas y ampliar la red de contactos, etc.

8.2. Tipos de decisiones

A continuación, se explican los tres tipos básicos de decisiones que se pueden tomar en una organización y los métodos o diferentes caminos más habituales para la toma de decisiones en grupo.

Decisiones estratégicas

Las decisiones estratégicas son complejas y se suelen tomar después de haber analizado profundamente todas las opciones. Son decisiones que tienen gran importancia a medio y largo plazo, ya que van a establecer la orientación futura del proyecto asociativo, en cuanto a objetivos, principios y valores fundamentales, y en ellas deben participar el mayor número de socias y socios.

Cuando surgen las asociaciones de mujeres uno de sus principales objetivos fue crear nuevos espacios fuera del ámbito doméstico en los que poder intercambiar información y experiencias. Muchas de ellas solo se dedicaban a realizar actividades de ocio y manualidades. A medida que se ha ido avanzando las asociaciones de mujeres han decidido adaptarse a los cambios legislativos y culturales relacionados con la igualdad y el género y han introducido entre sus objetivos el trabajar por la igualdad entre mujeres y hombres, formar integralmente desde la perspectiva de género o impulsar y facilitar el empoderamiento y la participación de las mujeres en los espacios políticos, consultivos y decisorios.

Decisiones tácticas

Son aquellas que facilitan la consecución de los objetivos establecidos a nivel estratégico. Van a afectar a la forma concreta de realizar las tareas y al modo especifico de organizarse y organizar los medios para poder alcanzar los objetivos. Son decisiones muy importantes en el corto y medio plazo.

Una decisión táctica para conseguir lo anteriormente expresado es por ejemplo presentar y desarrollar proyectos destinados a favorecer el empoderamiento de las personas que componen la asociación o trabajar aspectos fundamentales como las habilidades sociales, la autoestima o la toma de decisiones.

Decisiones operativas

Son decisiones más repetitivas y a corto plazo. A menudo hay que tomarlas sobre la marcha. Son responsabilidad de personas concretas, dependiendo de sus funciones o tareas. No suelen comprometer el futuro de la asociación, ni las metas a alcanzar. Están relacionadas con el funcionamiento cotidiano de la organización, los materiales, equipamiento, etc.

En este caso son decisiones que afectarán por ejemplo a la asistencia o no de una jornada de trabajo con otras asociaciones de mujeres que también estén llevando a cabo proyectos de empoderamiento, o la temporalización de las acciones a realizar del proyecto.

8.3. Métodos para la toma de decisiones

Los métodos más habituales para la toma de decisiones en grupo son los siguientes:

1. **Decisión por falta de respuestas:** sucede cuando alguien sugiere una idea y, antes de que alguien más comente cualquier cosa sobre esa idea, algún otro miembro presenta otra sugerencia, hasta que el grupo encuentra una con la cual puede actuar. La decisión ha consistido simplemente en no apoyar esas ideas, con lo cual las personas que las propusieron vieron que sus sugerencias se desmoronaron.
2. **Decisión por autoridad formal o por autorización a sí mismo:** en muchas organizaciones o grupos de trabajo se comienza a trabajar con una estructura jerarquizada en la que se hace evidente que una persona con autoridad tomará la decisión. El grupo trabajará de forma activa, generando ideas y discusiones, que una vez oídas servirán para tomar la decisión la persona con autoridad. Uno de los inconvenientes de este método es la poca implicación de los miembros del grupo cuando hay que poner en marcha la decisión tomada.
3. **Decisión por minorías:** se produce cuando varios miembros del grupo a través de sus acciones y opiniones conducen a tomar decisiones sin contar con la mayoría del grupo. Este tipo de decisiones están basadas en:

el que calla otorga..., parece que estamos todos de acuerdo, sigamos..., ¿alguien tiene alguna objeción? Pues entonces continuemos...

4. **Decisión por mayoría:** todos los miembros se pronuncian entre varias opciones. La decisión adoptada será aquella que refleje la opinión de la mayoría a través de la votación y/o sondeo. Es uno de los procedimientos más conocidos en la toma de decisiones, existen dos versiones, una versión simple consiste en sondear la opinión de todos después de un periodo de discusión y, si la mayoría piensa igual, suponer que esa es la decisión. La otra versión es más formal: expresar una alternativa o propuesta clara y pedir votos a favor, en contra y abstenciones.
5. **Decisión por consenso:** es uno de los métodos más eficaces pero también el que requiere más tiempo. En este método, todos los miembros del grupo tienen la oportunidad de expresar sus opiniones y que sean tenidas en cuenta. Si existió una alternativa clara a la que se suscribieron la mayoría de los miembros y si las personas que se opusieron a esta alternativa tuvieron la oportunidad de ejercer influencia sobre la decisión, entonces existió un consenso. El consenso, por tanto, sería definido por el hecho de que aquellos miembros que no tomaron la alternativa de la mayoría la entendieron sin embargo con claridad, y están dispuestos a apoyarla.
6. **Decisión por consentimiento unánime:** es el tipo de decisión ideal pero menos accesible. Consiste en que todos los miembros del equipo estén de acuerdo en la decisión a tomar.

Importante

Es importante que el estilo sea lo más participativo posible e intentar tomar decisiones por consenso, eso llevará a un mayor grado de implicación de los miembros en la organización.

9. Mecanismos para promocionar e impulsar la toma de decisiones individual y grupal de las mujeres

Una participación más equilibrada de las mujeres en la toma de decisiones favorecerá una transformación a sociedades más justas e igualitarias y proporcionará cambios en las leyes, la política, los servicios, las instituciones y las normas sociales.

Un gran porcentaje de hombres se mantienen aún en sus roles tradicionales y limitan las oportunidades de las mujeres para afirmar sus derechos fundamentales y hacer valer sus intereses.

Porque, a pesar de que el 60 % de las personas que se licencian son mujeres y tienen los mejores expedientes, aún no se corresponde esa preparación con su presencia en los cargos directivos. Y lo que es más preocupante, la presencia de mujeres se vuelve más inestable y retrocede significativamente en momentos de mayor inestabilidad económica.

Es evidente que los equipos diversos están mejor preparados para la toma de decisiones. Las mujeres suelen aportar cualidades necesarias y valoradas positivamente para el trabajo en equipo, en especial en situaciones económicas difíciles como las actuales, como son la comunicación, la empatía, gestión de equipos y el análisis de riesgos.

Porque como dice Michelle Bachelet, (2010):

> *Cuando una mujer entra en política, cambia la mujer, pero cuando muchas mujeres entran en política, cambia la política.*

9.1. Propuestas de actuación para impulsar la presencia de mujeres en la toma de decisiones

Son varias las publicaciones en las que se identifican algunas propuestas para promocionar la presencia de las mujeres en los procesos de toma de decisiones en diferentes ámbitos, como son las empresas, Consejos de Administración, equipos de trabajo, Administraciones Públicas, medios de comunicación, *head-hunters*, escuelas de negocio y por las propias mujeres predirectivas.

Definición

Head-hunters

Aquellas personas dedicadas a buscar los candidatos/as adecuadas para un puesto de trabajo. Se usa especialmente para los puestos ejecutivos y de dirección.

Empresas

Algunas medidas para promocionar la toma de decisiones individual y grupal de las mujeres en las empresas pueden ser:

- Formar a todos los profesionales con equipo a su cargo en la gestión de la diversidad de género y en el uso más eficiente de las medidas de conciliación y flexibilización puestas al alcance de los empleados.
- Fomentar la visibilidad de mujeres que ocupan puestos de dirección, para que actúen como modelo de conducta e inspiren al resto de profesionales a seguir avanzando en sus carreras.
- Asegurar que en los órganos de contratación, evaluación, promoción y toma de decisiones, en relación con la carrera profesional, haya una composición mixta en materia de género o al menos una representación significativa, tanto de mujeres como de hombres.
- Generar redes de trabajo internas, potenciando la presencia de mujeres.
- Obtener indicadores sobre presencia femenina en la empresa, analizando los detalles por categoría, departamento, niveles salariales, acceso a cursos de formación, como base para el establecimiento de medidas y objetivos.

Consejos de administración

Algunas medidas para promocionar la toma de decisiones individual y grupal de las mujeres en los consejos de administración pueden ser:

- Establecer un objetivo temporal, alcanzable pero ambicioso, de cobertura de vacantes con mujeres para alcanzar al menos un 40 % de representación femenina en el Consejo de Administración, haciéndose público dicho compromiso.
- Solicitar periódicamente al equipo directivo información sobre los avances en presencia femenina en puestos de responsabilidad en la compañía y velar por la incorporación de mujeres en las líneas y posiciones directivas de la compañía, facilitando su posterior incorporación al órgano de administración y gobierno de la compañía.

Equipos de trabajo

Algunas medidas para promocionar la toma de decisiones individual y grupal de las mujeres en los equipos de trabajo pueden ser:

- Planificar la configuración del equipo teniendo en cuenta, además del talento, la diversidad, para disponer de un equipo de trabajo heterogéneo en perspectivas y, por tanto, potencialmente más rico a la hora de encontrar soluciones y aproximaciones a los distintos clientes.
- Fomentar, desde su área de influencia y desde su rol como líder, la diversidad de género como un pilar esencial del negocio y del éxito del equipo.
- Impulsar la autonomía y autogestión de los integrantes del equipo, para que ellos mismos puedan organizar su tiempo de trabajo.
- Organizar las acciones formativas durante la jornada laboral para evitar la exclusión de aquellos que tienen responsabilidades familiares.

Administraciones públicas

Algunas medidas para promocionar la toma de decisiones individual y grupal de las mujeres en las administraciones públicas pueden ser:

- Premiar a aquellas empresas que realmente están mostrando resultados en la incorporación de mujeres a puestos directivos, impulsando el liderazgo femenino como un asunto estratégico y fomentando la flexibilidad en el trabajo mediante exenciones o reducciones fiscales.
- Fomentar la adopción de horarios laborales más compatibles con la vida personal y en línea con otros países europeos.
- Facilitar y ampliar los permisos dirigidos a hombres, para que cuenten con unas condiciones equiparables a las de las mujeres.
- Fomentar que en las escuelas se incida en un reparto de las responsabilidades familiares más equitativo para las futuras generaciones así como una orientación profesional que supere los estereotipos de género.

Medios de comunicación

Algunas medidas para promocionar la toma de decisiones individual y grupal de las mujeres en los medios de comunicación puede ser tener elaboradas relaciones de mujeres expertas en los distintos ámbitos, para que puedan ser requeridas cuando el medio necesite opinión o referentes de las distintas materias.

Head-hunters

Algunas medidas para promocionar la toma de decisiones individual y grupal de las mujeres a través de la figura del *head-hunters* pueden ser:

- Asesorar y sensibilizar a sus clientes en la importancia de contar con equipos directivos con diversidad de género y de crear entornos laborales que favorezcan la contratación de directivas.
- Establecer, como política, un porcentaje mínimo de representación de cada género en la bolsa de candidatos de cada proceso.

Escuelas de negocio

Algunas medidas para promocionar la toma de decisiones individual y grupal de las mujeres en las escuelas de negocio pueden ser:

- Promover la incorporación de mujeres en sus programas de desarrollo directivo, para facilitar la disponibilidad de mujeres preparadas para ocupar estas posiciones.
- Desarrollar programas de *mentoring* para sus alumnas con otras alumnas con mayor bagaje profesional, que puedan apoyarlas y enfocarlas en sus carreras.
- Extender mejores prácticas entorno a la diversidad de género en todas las compañías, mediante publicaciones periódicas y organización de conferencias y mesas de debate.

Mujeres predirectivas

Algunas medidas para promocionar la toma de decisiones individual y grupal de las mujeres predirectivas pueden ser:

- Anticiparse a las necesidades profesionales y personales, previéndolas y permitiendo crear la infraestructura y organizarse con tiempo suficiente, para posteriormente cubrirlas de forma adecuada reduciendo la tensión entre ambas.
- Hacer todo lo necesario para estar excelentemente preparada, buscando proactivamente las mejores oportunidades de desarrollo, tanto mediante formación como mediante experiencias profesionales.
- Solicitar de manera proactiva la participación en proyectos que aumenten las posibilidades de desarrollo y promoción.
- Incrementar la presencia en foros presenciales y virtuales, incrementando así las posibilidades de intercambio de conocimientos, la detención de oportunidades de desarrollo y profesionales y la visibilidad.

9.2. Medidas y estructuras

A continuación, se describen medidas y estructuras propuestas desde diferentes niveles de actuación que ayudan a promocionar e impulsar la toma de decisiones de las mujeres.

Nivel Europeo

A nivel europeo, a continuación se analiza la última estrategia de igualdad formulada.

Estrategia para la Igualdad de Género 2024-2029

En relación a la toma de decisiones, desde esta estrategia se define el siguiente objetivo estratégico: *conseguir una participación equilibrada de mujeres y hombres en la vida política, pública, social y económica, aplicando este objetivo operativo: los Estados miembros garanticen la participación igualitaria de mujeres y niñas, hombres y niños en la toma de decisiones políticas y públicas.*

Para lo que se llevarán a cabo medidas como:

- *Apoyar la plena aplicación de la Recomendación Rec (2003)3 del Comité de Ministros sobre la participación equilibrada de mujeres y hombres en la toma de decisiones políticas y públicas y de la Recomendación CM/Rec (2023)4 del Comité de Ministros a los Estados miembros sobre la participación de los jóvenes romaníes.*
- *Apoyar a los Estados miembros mediante asistencia específica para lograr la participación igualitaria e inclusiva de mujeres y hombres en la toma de decisiones políticas y públicas, incluso mediante la aplicación de estrategias y políticas eficaces de incorporación de la perspectiva de género.*
- *Fomentar y apoyar las acciones destinadas a facilitar la participación de las mujeres en las elecciones a nivel europeo, nacional, regional y local, así como las acciones para empoderar a las mujeres candidatas, funcionarias electas y votantes, incluidas las mujeres de grupos marginados y las mujeres jóvenes , en cooperación con los órganos pertinentes del Consejo de Europa; fomentar y apoyar las acciones para combatir el sexismo, el acoso, la violencia contra las mujeres y la violencia sexual contra las mujeres en la política, en los partidos políticos y en las instituciones.*
- *Identificar y apoyar medidas y buenas prácticas que promuevan la igualdad de género en relación con: los sistemas electorales, la for-*

mación de los responsables de la toma de decisiones tanto en las instituciones públicas como en los partidos políticos, el funcionamiento sensible al género de los órganos de toma de decisiones, el establecimiento de umbrales de paridad, la adopción de leyes de cuotas efectivas y cuotas voluntarias de partidos cuando sea apropiado, y la regulación de los partidos políticos, incluso en lo relativo a la financiación pública, en cooperación con los órganos pertinentes del Consejo de Europa y con vistas a lograr el equilibrio de género en la toma de decisiones, combatir los estereotipos de género y hacer que los procesos de toma de decisiones transformen las cuestiones de género.

Nivel Estatal

A nivel estatal se analiza el III Plan Estratégico para la Igualdad Efectiva de Mujeres y Hombres 2022-2025, en concreto en los ejes 1 y 4 del Plan, se establecen varias líneas de actuación para avanzar hacia una participación equilibrada de mujeres y hombres en los distintos ámbitos de decisión política, económica y social, tanto en el sector público como el privado.

Los ejes de intervención indicados del PEIEMH cuentan con un conjunto de medidas que adoptar para llevar a cabo los objetivos operativos. Una muestra de estas medidas es:

Objetivo operativo	Medidas
(Eje 1.) BG.4.1.2.. Impulsar la creación de espacios de encuentro y procesos de trabajo que promuevan la coproducción de conocimiento y su materialización en políticas públicas mediante el debate, el intercambio de experiencias y la puesta en marcha de iniciativas conjuntas entre la AGE, la academia, el movimiento feminista y organizado de mujeres, y de las mujeres, en general.	*135. Celebración de conversatorios, seminarios y jornadas que promuevan la coproducción de conocimiento y su materialización en políticas públicas.* *136. Puesta en marcha de un programa para el fortalecimiento de canales de participación de las mujeres y de las organizaciones feministas en el diseño, planificación, gestión y evaluación de las políticas públicas.* *137. Dinamización del proceso participativo de la reforma de la Ley Orgánica 2/2010, de 3 de marzo, de salud sexual y reproductiva y de la interrupción voluntaria del embarazo.* *138. Creación, desarrollo y dinamización de la mesa asesora de Ecofeminismo.*

Continúa en página siguiente >>

<< Viene de página anterior

Objetivo operativo	Medidas
(Eje 4.) DEM.1.1.2. Promover el conocimiento feminista sobre redes, prácticas y alianzas feministas referenciales para el impulso de la participación sociopolítica de las mujeres.	*480. Formulación, diseño y realización de un estudio sobre los obstáculos que impiden una participación sociopolítica efectiva de las mujeres.* *481. Elaboración de una guía orientada a fortalecer los canales de participación feminista en el ámbito de la administración pública.*
(Eje 4.) DEM.1.2.2. Fortalecer el movimiento feminista y asociativo de mujeres por la igualdad y su trabajo en red.	*486. Continuidad de la convocatoria de subvenciones dirigida a apoyar al movimiento asociativo.* *487. Continuidad de la dedicación de inmuebles propiedad del Instituto de las Mujeres al uso social por parte del movimiento feminista y asociativo de mujeres.* *488. Elaboración y difusión de un mapa del movimiento feminista y asociativo en España.*
(Eje 4.) DEM.1.3.1. Apoyar la creación y fortalecimiento de redes de hombres comprometidos con la igualdad de género.	*495. Difusión de la campaña de sensibilización sobre la corresponsabilidad en el ámbito de los cuidados.* *496. Impulso a la participación organizada de hombres, como medio para que colaboren activamente en la puesta en marcha de proyectos e iniciativas.*

Para favorecer el movimiento asociativo de las mujeres, en el Instituto de las Mujeres también se describen algunas acciones como el proyecto Promociona, la iniciativa "Mas mujeres, mejores empresas", el programa Talentia 360 y la red mujeres, talento y liderazgo.

- **Proyecto Promociona.** El objetivo es aumentar la participación de las mujeres en la actividad empresarial española y en puestos de mayor responsabilidad. Que las empresas y la sociedad en su conjunto se beneficie de una mayor diversidad en la toma de decisiones estratégicas en las organizaciones, dada además la complejidad de un entorno cada vez más global y marcado por la incertidumbre. Este proyecto pretende desarrollar en las mujeres directivas que participen las habilidades necesarias para liderar con éxito su organización con el mayor impacto en la misma, en sus equipos y en otras mujeres directivas.
- **Iniciativa "Mas mujeres, mejores empresas".** Es una iniciativa consistente en promover la participación equilibrada de mujeres y hombres en

puestos de responsabilidad y toma de decisiones. Las empresas adheridas a esta iniciativa pertenecen a distintos sectores y adquieren el compromiso de aumentar en un período de 4 años, la presencia de mujeres en niveles profesionales sin una participación equilibrada (puestos predirectivos, directivos, comités de dirección, consejos rectores y consejos de administración).
Para ello, el Instituto de las Mujeres dispone de proyectos de desarrollo profesional y liderazgo, talleres y jornadas de sensibilización.

- **Programa Talentia 360, Mujeres directivas.** Es un programa de desarrollo profesional y liderazgo para directivas llevado a cabo por el Instituto de las Mujeres y la Escuela de Organización Industrial (EOI). Consiste en una formación integral bajo la perspectiva de género y con carácter multidisciplinar, cuyo objetivo es impulsar las capacidades directivas de las mujeres. Se pretende que las mujeres participantes en este programa promocionen profesionalmente y alcancen en sus empresas puestos de mayor responsabilidad. Para ello, las empresas adquieren este compromiso para con sus empleadas participantes en el programa en el corto o medio plazo.
  Cuenta con dos subprogramas, uno dirigido al sector empresarial y otro, a las fuerzas y cuerpos de seguridad del estado. Este último está compuesto por actividades formativas dirigidas a las diferentes categorías profesionales existentes en la Dirección General de la Guardia Civil y de la Policía.
- **Red mujeres talento y liderazgo.** Este proyecto está basado en la creación de una cuenta de Linkedin y otra de Twitter, cuya finalidad es hacer visibles a todas las mujeres cualificadas y que están capacitadas para ocupar puestos de alta responsabilidad en las empresas.

Nivel Autonómico

A este nivel cada Comunidad Autónoma a través de su estructura de gobierno y creación de organismos para el fomento de la igualdad puede articular planes y medidas específicas para impulsar la toma de decisión de las mujeres.

Ejemplo

Una iniciativa autonómica de este tipo es el programa de capacitación empresarial de la Comunidad de Madrid, Women x Women.

Nivel Local

Igualmente, desde este nivel los Ayuntamientos y Diputaciones también llevar a cabo medidas en este sentido, a través de los Planes Municipales de Igualdad de Oportunidades entre mujeres y hombres.

Ejemplo

El ayuntamiento de Mijas tiene aprobado el II Plan municipal de igualdad de género, que tiene como finalidad "mejorar las condiciones para que mujeres y hombres puedan participar desde un plano de equidad en la vida social, económica, política y cultural".

Actividades

15. ¿Cuáles son los tres tipos básicos de decisiones? Reflexione a nivel personal y ponga un ejemplo de cada tipo que haya tenido que tomar a lo largo de tu vida.
16. Analice las medidas para promocionar e impulsar la toma de decisiones de las mujeres en su Comunidad Autónoma y ciudad.

---

10. Elaboración de acciones de difusión y sensibilización para la ciudadanía, las instituciones, las organizaciones y entidades del entorno de intervención en materia de participación social, para favorecer la igualdad efectiva de mujeres y hombres

Es fundamental para implicar a la sociedad en general y para animar y facilitar la participación a los ciudadanos y ciudadanas en materia de igualdad, realizar jornadas, encuentros y talleres, campañas de sensibilización, etc.

Si se tiene en cuenta que hoy en día se siguen cometiendo un alto nivel de discriminaciones, es fundamental informar a la ciudadanía de sus derechos y promover diferentes actuaciones para que la igualdad de trato y de oportunidades se integre en todos los ámbitos de la vida social, económica, cultural y política.

Algunas de las acciones de difusión y sensibilización que se pueden llevar a cabo son:

a. Investigaciones y/o estudios de análisis sobre igualdad.
b. Campañas de sensibilización.
c. Acciones dirigidas a promover un tratamiento igualitario de las mujeres y hombres en la publicidad y en los medios de comunicación.
d. Observatorios de la Imagen de las Mujeres.
e. E-igualdad.

10.1. Investigaciones y/o estudios de análisis sobre igualdad

Este tipo de acciones persiguen estudiar la situación de las mujeres españolas en los ámbitos legal, social, económico, educativo, cultural y sanitario, con el objetivo de impulsar medidas que contribuyan a eliminar las discriminaciones que padecen en la sociedad actual.

Ejemplos de estas investigaciones y/o estudios son:

- Indicador de la OCDE: las mujeres en la política. Junio 2024.
- La situación de las mujeres en el mercado de trabajo 2023. Secretaria de Estado de empleo.

Nota

Desde la aprobación de la Ley Orgánica 3/2007, para la Igualdad Efectiva de Mujeres y Hombres, en su artículo 20 dispone que se debe integrar la perspectiva de género en la elaboración de las estadísticas y estudios realizados por los poderes públicos.

Campañas de sensibilización

Los objetivos de una campaña, relacionada con la igualdad de género son conseguir el recuerdo, incidir en las actitudes y cambiar las conductas.

La temática de las campañas es muy variada y dependerá de las demandas manifestadas por la ciudadanía y las circunstancias sociales del momento. Por ejemplo se pueden realizar campañas sobre:

- Día Internacional de la Mujer Trabajadora, 8 de marzo.
- Día Internacional contra la Violencia de Género, 25 de noviembre.
- Día de la Mujer Rural, 15 de octubre.
- El papel de las mujeres en los medios de comunicación.
- Prevención de embarazos no deseados.
- Igualdad en el deporte.
- Conciliación de la vida laboral, familiar y personal.
- Etc.

A continuación, se propone un ejemplo de campaña de sensibilización relacionada con los estereotipos de género en las mujeres del Instituto de las Mujeres en 2022.

Nombre de la campaña	Soy real, soy auténtica 2022
Objetivo	*Sensibilizar y concienciar a la población en general sobre los estereotipos de género basados en la imposición de unos modelos de belleza femeninos, normativizados e irreales, que se convierten en un parámetro de su valoración por su aspecto físico. Estereotipos que condicionan las expectativas vitales de las mujeres, especialmente de las niñas y que pueden llevar a generar situaciones de violencia estética en su manifestación más extrema. La campaña persigue igualmente inspirar seguridad y autoconfianza a la generalidad de las mujeres, demostrando en tono constructivo que la belleza no está sujeta a unos cánones estandarizados, ni es la única característica que las define.*
Colectivo destinatario	Población en general.
Lema	Soy real, soy auténtica. Míranos libre de estereotipos.
Actividades a desarrollar	Carteles informativos, cuñas de radio, vídeos y notas de prensa.

10.2. Acciones dirigidas a promover un tratamiento igualitario de las mujeres y hombres en la publicidad y en los medios de comunicación

Es muy importante incorporar la perspectiva de género en los contenidos y uso del lenguaje y la imagen que se da de hombres y mujeres en los medios de comunicación públicos y privados.

Existe una amplia normativa que contempla estas acciones (la Plataforma de acción Beijing; en el ámbito comunitario la Recomendación 1799 (2007), sobre la imagen de las mujeres en la publicidad, la Ley Orgánica 3/2007, en su título III, Igualdad y Medios de Comunicación o la Ley 15/2022, en su artículo 22, Medios de comunicación social y publicidad, Internet y redes sociales).

Dichas acciones deben tratar de conseguir los siguientes objetivos:

- Promover formas de relación basadas en el respeto a las diferencias, así como comportamientos y valores que rompan con las pautas rígidas tradicionales diferenciadas para cada sexo.

- Eliminar los usos del cuerpo de las mujeres como reclamo para presentar un producto, información o programa.
- Evitar los estándares de belleza femenina que señalan las cualidades adecuadas e inadecuadas del cuerpo y la personalidad de las mujeres.
- Fomentar el reconocimiento de las aportaciones de las mujeres a la sociedad en los ámbitos económico, cultural, social, familiar, etc.

10.3. Observatorios de la imagen de las mujeres

Es muy importante la imagen que se transmite en los medios de comunicación y a través de la publicidad de las mujeres, ya que la influencia que estos medios puede tener en la creación de una conciencia social intolerante con el machismo y de perpetuación de los roles y estereotipos de género es evidente.

Desde este tipo de observatorios se trabaja para analizar la representación de las mujeres en la publicidad y en los medios de comunicación y observar cuáles son los roles más significativos que se les atribuyen a las mujeres, promoviendo acciones para suprimir aquellas que sean sexistas.

Nota

A través del Observatorio de la Imagen de las Mujeres, situado en la página web del Instituto de las Mujeres, se pueden presentar quejas relacionadas con contenidos publicitarios, medios de comunicación e Internet, en los que se realizan una representación sexista de la mujer.

10.4. E-igualdad

La e-igualdad supone que mujeres y hombres se puedan beneficiar de un modo similar de las ventajas y oportunidades que ofrece la sociedad de la información, como herramienta además que sirva a la promoción de la participación de mujeres y hombres y sensibilización y difusión de las capacidades y contribuciones de ambos.

Es evidente que hoy en día la sociedad de la información es un espacio único de oportunidades para toda la ciudadanía y de oportunidad para el desarrollo social y económico de la sociedad.

Como tampoco nadie pone en duda que actualmente la igualdad de oportunidades entre mujeres y hombres es uno de los valores sociales y democráticos vertebradores de la sociedad actual.

La igualdad de oportunidades es una estrategia clave en el crecimiento y desarrollo económico, y en el cambio social tan necesario, permitiendo además aprovechar y reconocer las capacidades y contribuciones tanto de hombres como de mujeres y la e-igualdad puede y debe jugar un papel esencial en la visibilización y difusión de las acciones que se lleven a cabo en este sentido.

Importante

Todavía existen muchas desigualdades en el uso y disfrute de las TIC por parte de la población en general, y en especial, por parte de las mujeres. Aún persisten brechas de género en la participación de las mujeres en la sociedad de la información, ya sea como usuarias, protagonistas o como creadoras.

Actividades

17. Desde el Observatorio Andaluz de la Publicidad no Sexista se ha elaborado un Decálogo de Publicidad no Sexista. Búsquelo en internet y analice las diez medidas planteadas.
18. Busca información sobre la última *Encuesta sobre equipamiento y uso de tecnologías de la Información y Comunicación en los hogares de Andalucía* del Instituto de Estadística

Continúa en página siguiente >>

<< Viene de página anterior

y Cartografía de Andalucía y responde. ¿De qué manera se reparten los porcentajes del tiempo que pasan mujeres y hombres haciendo uso de internet o del ordenador?

A través del siguiente cuadro, se describen algunas instituciones, organismos y entidades, describiendo la normativa que los regula, el objeto y un ejemplo de acción y sensibilización para la ciudadanía.

Institución/ Organización	Normativa	Objeto	Ejemplo
Instituto Europeo de la Igualdad de Género	Reglamento (CE) nº 1922/2006 del Parlamento Europeo y del Consejo, de 20 de diciembre de 2006, por el que se crea un Instituto Europeo de la Igualdad de Género.	Facilitar la experiencia necesaria para elaborar medidas a favor de la igualdad de género en toda la UE.	Kit de herramientas sobre comunicación sensible al género. Caja de herramientas para la planificacion de medidas de conciliación en empresas TIC.
Ministerio de Igualdad	Real Decreto 246/2024, de 8 de marzo, por el que se desarrolla la estructura orgánica básica del Ministerio de Igualdad.	Propuesta y ejecución de las políticas gubernamentales de igualdad, de las políticas dirigidas a hacer real y efectiva la igualdad entre mujeres y hombres, la prevención y eliminación de cualquier forma de violencia contra las mujeres, y de toda forma de violencia o discriminación a las personas por cualquier condición o circunstancia personal o social.	Delegación del gobierno contra la violencia de género. Dirección general para la igualdad de trato y diversidad étnico racial. Instituto de las mujeres.

Continúa en página siguiente >>

<< Viene de página anterior

Institución/ Organización	Normativa	Objeto	Ejemplo
Ministerio de Igualdad		Elaboración y desarrollo de normas y medidas para asegurar la igualdad de trato y de oportunidades entre mujeres y hombres, y para fomentar la participación de las mujeres en los ámbitos político, cultural, económico y social.	
Instituto de las Mujeres	Ley 15/2014, de 16 de septiembre, de racionalización del Sector Público. Real Decreto 774/1997, de 30 de mayo, por el que se establece la nueva regulación del Instituto de la Mujer. Ley 16/1983, 24 de octubre, de creación del organismo autónomo Instituto de la Mujer.	Promocionar y fomentar las condiciones que posibilitan la igualdad social de ambos sexos y la participación de la mujer en la vida política, cultural, económica y social, así como la prevención y disminución de toda clase de discriminación de las personas.	Nuestras vidas digitales: barómetro de la e-igualdad de género en España. 2020
Institutos Autonómicos de Igualdad	Cada Autonomía establece la regulación normativa específica. No todos tienen el mismo nivel de autonomía, ni realizan las mismas actividades y algunos tienen planes de actuación concretos.	Son los órganos impulsores de promover la incorporación de la perspectiva de género de forma transversal en el conjunto de las políticas que se desarrollan en el ámbito de la Comunidad Autónoma.	Instituto andaluz de la mujer: Unidad de igualdad de género.

Continúa en página siguiente >>

<< Viene de página anterior

Institución/ Organización	Normativa	Objeto	Ejemplo
Centros Municipales de Información de la Mujer	Cada Autonomía establece la regulación normativa específica.	Ofrecer un servicio de atención personalizada, y asesorar y orientar sobre servicios y recursos, en temas jurídicos, psicológicos, de prevención y tratamiento de la violencia de género, etc.	Area de igualdad del consello de Ourense: consello municipal de igualdade de oportunidades entre mulleres e homes
Federaciones y Asociaciones de Mujeres	Constitución Española: artículo 22, de 27 de diciembre de 1978. Ley Orgánica 1/2002, de 22 de marzo, reguladora del Derecho de Asociación. R. D. 949/2015, de 23 de octubre, por el que se aprueba el Reglamento del Registro Nacional de Asociaciones.	Articular la participación de las mujeres en el desarrollo de su comunidad. Mejorar la calidad de vida de todas las mujeres a través de su desarrollo social y personal en áreas de trabajo como el empleo, violencia de género, salud, cooperación, nuevas tecnologías, etc.	Federación de mujeres jóvenes Asociación por ti mujer (Valencia)

Aplicación práctica

Planifique una campaña que sirva para sensibilizar a la población joven en materia de prevención de la violencia de género, en el que se especifiquen los siguientes aspectos: nombre de la campaña, objetivo de la campaña, colectivo destinatario, eslogan de la campaña y actividades a desarrollar.

Continúa en página siguiente >>

<< Viene de página anterior

SOLUCIÓN (Posible solución)

Nombre de la Campaña	Contra la Violencia Masculina hacia las mujeres.
Objetivo	Incidir en la prevención de la violencia masculina ejercida hacia las mujeres, concienciando y sensibilizando a la población joven sobre la gravedad de la violencia de género.
Colectivo destinatario	Población joven de entre 14 y 20 años.
Lema	"Esta partida la vamos a ganar" "Game Over".
Actividades a desarrollar	Cuñas de radio a emitir del 1 al 30 de noviembre y aplicativo para el móvil en el que a través de jugar las fases de una partida, se muestra los diferentes tipos de violencia machista.

Todas estas instituciones, organismos y entidades que se acaban de analizar junto a las políticas de igualdad favorecen los procesos de empoderamiento individual (recuperación de la propia dignidad de cada mujer como persona) y colectivo (pretenden que las mujeres estén presentes en los lugares donde se toman las decisiones y se ejerce el poder), pero no se debe olvidar que resultarán realmente eficaces si logran que las mujeres tomen conciencia de su situación y asuman cuotas de poder en su vida personal y pública, ejerciendo con decisión sus derechos.

11. Resumen

El empoderamiento implica un aumento de la participación de las mujeres en los procesos de toma de decisiones y acceso al poder, entendido este como la capacidad de ser y hacer para transformar la realidad y construir la propia capacidad para cambiar tanto individualmente como colectivamente.

Por eso es tan importante que las mujeres se asocien y creen redes y grupos de apoyo con el objeto de luchar por las necesidades y los intereses estratégicos de género.

Y para eso se explica en este capítulo cómo lograr el autoconocimiento personal, mejorar la autoestima, romper los estereotipos de género, entrenar habilidades sociales como la escucha activa, aprender a tomar decisiones y conocer y elaborar acciones de difusión y sensibilización para la ciudadanía en materia de igualdad.

Ejercicios de repaso y autoevaluación

1. Complete la siguiente frase.

La igualdad ____________ y ____________ existe entre los Estados Miembros de la Unión Europea, los sistemas políticos no ____________ intrínsecamente la representación femenina pero no por eso ____________ la representación de las mujeres en las esferas del ____________.

2. Busque en la siguiente sopa de letras las necesidades de empoderamiento.

I	R	P	N	U	S	M	O	S	A
C	P	E	R	S	O	N	A	L	N
S	O	R	L	I	C	T	B	D	G
A	L	E	H	D	P	O	C	E	O
I	I	S	M	S	O	C	I	A	L
U	T	L	B	L	P	F	L	R	E
N	I	R	T	A	T	R	O	A	L
E	C	O	N	O	M	I	C	O	D
E	O	L	N	I	O	T	C	S	A
P	I	A	V	S	I	E	A	O	M

3. Relacione el significado con cada uno de los elementos que forman las competencias de una persona.

a. Conocimientos
b. Habilidades
c. Aptitudes
d. Actitudes

__ Lo que puede o no puede hacer.
__ Lo que se sabe o no se sabe hacer.
__ Lo que se sabe o no se sabe.
__ Lo que se quiere o no se quiere hacer.

4. ¿Qué es la inteligencia emocional?

____
____
____
____

5. ¿Cómo se puede lograr una comunicación efectiva con la sociedad?

____
____
____
____

6. ¿Cuál de las siguientes opciones no es un área estratégica definida en la Plataforma de Acción Beijing?

a. La mujer y la salud.
b. La mujer en el ejercicio del poder y la adopción de decisiones.
c. La mujer y las nuevas tecnologías.
d. La violencia contra la mujer.

7. Señale si las siguientes afirmaciones son verdaderas o falsas.

a. Las necesidades prácticas de género no implican el cuestionamiento ni transformación de los roles de género.

☐ Verdadero
☐ Falso

b. Los intereses estratégicos de género son más difíciles de observar, debido a factores culturales.

- ☐ Verdadero
- ☐ Falso

c. Las necesidades prácticas están orientadas a la búsqueda de la igualdad entre mujeres y hombres.

- ☐ Verdadero
- ☐ Falso

8. Un estereotipo femenino puede ser el de...

a. ... la agresividad.
b. ... la valentía.
c. ... la ternura.
d. ... la eficacia.

9. ¿Qué es la e-igualdad?

____
____
____
____

10. Las decisiones operativas son aquellas que...

a. ... se toman a corto plazo y son más repetitivas.
b. ... se toman por falta de respuestas.
c. ... facilitan la consecución de los objetivos a nivel estratégico.
d. ... son complejas y tiene una gran importancia a medio y largo plazo.

Glosario

Acción positiva
Instrumento o medidas políticas dirigidas aplicables con la intención de suprimir y prevenir una discriminación o compensar las desventajas resultantes de actitudes, comportamientos y estructuras existentes que afectan a las situaciones de mujeres y hombres, en términos comparativos. Su carácter es temporal.

Actores sociales
Los actores locales son todos aquellos agentes que en los campos político, económico, social y cultural son portadores y promotores de las potencialidades locales. Para eso, el actor debe formar parte de la sociedad y reconocer en su historia y en su sistema de normas y valores.

Análisis de género
Categoría de análisis de la Teoría de Género; estudio de las diferencias existentes en las condiciones, necesidades, índices de participación, acceso a los recursos y desarrollo, acceso al poder de toma de decisiones, etc., entre mujeres y hombres debidas a los roles que tradicionalmente se les ha asignado.

Asociación
Una asociación es una agrupación integrada por un colectivo de personas físicas que libremente se asocian con un fin concreto, sin ánimo de lucro y a través de una gestión democrática.

Barreras invisibles
Dificultades resultantes de las expectativas, normas y valores tradicionales que impiden la capacitación (de la mujer) para los procesos de toma de decisiones/para su plena participación en la sociedad.

Brecha de género
Es la distancia que existe entre un sexo y otro en relación con el acceso o uso de un recurso. Permite medir cuantitativamente el grado de desequilibrio y desigualdad existente.

Brecha digital
Es aquella que impide que las mujeres se incorporen y participen en la Sociedad de la Información y de las Nuevas Tecnologías en igualdad de condiciones. Esta brecha se intensifica a través de las diferencias socioeconómicas, de edad y nivel educativo.

Ciudadanía
Identidad de las personas con referencia al territorio, a la esfera cotidiana y al derecho a tomar parte en las decisiones sobre la gestión de los recursos de su entorno físico y social y a los deberes para con una colectividad.

Composición equilibrada
La presencia de mujeres y hombres de forma que, en el conjunto a que se refiera, las personas de cada sexo no superen el 60 % ni sean menos del 40 %.

Comunicación
Es el proceso de interacción social mediante mensajes, eventos o acontecimientos previamente codificados, con una significación determinada en una cultura y con el propósito de significar.

Conciliación de la vida familiar, laboral y personal
Introducción de sistemas de permiso por razones familiares y de permiso parental, de atención a la infancia y a personas de edad avanzada, y creación de una estructura y organización del entorno laboral que facilite a hombres y a mujeres la combinación del trabajo y de las responsabilidades familiares y hogareñas. Se relaciona con la posibilidad que tienen las mujeres y los hombres de equilibrar sus intereses, obligaciones y necesidades desde una visión integral de la vida, a partir del derecho que tienen a desarrollarse en los diferentes ámbitos: laboral, personal, familiar y social.

Corresponsabilidad
Concepto que va más allá de la mera conciliación y que implica compartir la responsabilidad de una situación, infraestructura o actuación determinada. Las personas o agentes corresponsables poseen los mismos deberes y derechos en su capacidad de responder por sus actuaciones en las situaciones o infraestructuras que estén a su cargo.

Cultura participativa
Características de algunas sociedades en las que, para la mayoría de los ciudadanos y ciudadanas, participar en la gestión de sus gobiernos es algo cotidiano, y que habilitan espacios, herramientas y dispositivos para la participación.

Datos desagregados por sexo
Recogida de datos e información estadística desglosada por sexo, que hace posible un análisis comparativo contemplando la especificidad del género.

Déficit democrático
Repercusión sobre la legitimidad de la democracia que tiene la participación desequilibrada de mujeres y hombres.

Democracia
Doctrina política favorable a la intervención del pueblo en el gobierno y que otorga libertad a todas las personas que forman parte de la comunidad para elegir libremente a sus representantes.

Derechos sexuales y reproductivos
Son parte de los derechos humanos y su finalidad es que todas las personas puedan vivir libres de discriminación, riesgos, amenazas, coerciones y violencia en el campo de la sexualidad y la reproducción. El Estado debe garantizar que toda persona pueda: 1) decidir cuántos hijos/as va a tener; 2) decidir el espaciamiento de los hijos/as; 3) con-

trolar su comportamiento sexual según su propia forma de ser, sentir y pensar sin tener miedo o vergüenza; y 4) estar libre de enfermedades y deficiencias que interfieran con sus funciones sexuales y reproductivas.

Diálogo social
En sentido amplio el término diálogo social se utiliza para referirse a un tipo de relaciones horizontales entre el Estado y las organizaciones de la sociedad civil (empresas, sindicatos, asociaciones, grupos, comunidades, etc.), con el fin de abordar conjuntamente los problemas sociales y contribuir a elaborar soluciones fundadas en el consenso.

Diferencia debida al género
Diferencia existente entre mujeres y hombres, que proviene del proceso de socialización y que se puede producir en cualquier ámbito por lo que respecta a sus niveles de participación, acceso a los recursos, derechos, remuneración o beneficios.

Discriminación
Trato desfavorable -que provoca exclusión, anulación o invisibilidad- dado a una persona en base a su pertenencia a un grupo concreto, al margen de sus capacidades personales.

Discriminación de género
Trato desfavorable -que provoca exclusión, anulación o invisibilidad- en base a la identidad de género.

Empoderamiento
Proceso de superación de la desigualdad de género, a través de la toma de conciencia, por parte de las mujeres de sus propias potencialidades, sus derechos y capacidades. Supone tomar decisiones en base a la información, la participación, la responsabilidad y el saber decir no cuando sea necesario.

Enfoque integrado de género
Metodología de intervención basada en la integración de la perspectiva de género en todas las esferas de la vida, en todos los niveles de intervención y en todas las fases de programación de una intervención. Se conoce también como mainstreaming de género.

Estadísticas de género
Consiste en incorporar la variable sexo como una constante de estudio cuando se elaboran fuentes de información, evitando tratar este aspecto como algo puntual. La variable sexo debe estar presente en todos los niveles de la información recogida o de la situación estudiada.

Estereotipo
Idea y creencia que determina un modelo de conducta social basado en opiniones preconcebidas, que adjudican valores y comportamientos a las personas en función de su grupo de pertenencia (sexo, raza, edad, etnia, salud, etc.). Los estereotipos de género son creencias erróneas emanadas del modelo androcéntrico y de la cultura patriarcal que enjuician la conducta de hombres y mujeres.

Federación
Entidad sin ánimo de lucro que agrupa a diversas asociaciones o grupos del mismo sector social para desarrollar objetivos comunes.

Feminismo
Movimiento social de tendencia igualitaria que, reivindica los derechos de las mujeres, para alcanzar una nueva organización social y un sistema de relaciones entre personas, basadas en el desarrollo de actitudes de respeto, igualdad, corresponsabilidad y solidaridad entre sus miembros.

Feminización de la pobreza
Tendencia al aumento de la incidencia y prevalencia de la pobreza entre las mujeres.

Género
Concepto que hace referencia a las diferencias sociales (por oposición a las biológicas) entre hombres y mujeres que han sido aprendidas, cambian con el tiempo y presentan grandes variaciones tanto entre diversas culturas como dentro de una misma cultura.

Igualdad de oportunidades entre mujeres y hombres
Ausencia de toda barrera sexista para la participación económica, política y social.

Igualdad formal
Supone la prohibición normativa o legal de discriminar a una persona por razón de cualquier rasgo físico, psicológico o cultural.

La igualdad formal garantiza legalmente los derechos humanos y de ciudadanía de cualquier ser humano.

Igualdad de género
Situación en que todos los seres humanos son libres de desarrollar sus capacidades personales y de tomar decisiones, sin las limitaciones impuestas por los roles tradicionales y en la que se tienen en cuenta, valoran y potencian por igual las distintas conductas, aspiraciones y necesidades de mujeres y hombres.

Igualdad de trato
El mismo tratamiento, la misma consideración, sin distinción.

Igualdad entre mujeres y hombres
Principio de igualdad de derechos y de trato entre mujeres y hombres.

Igualdad real
Conjunto de medidas, políticas y acciones necesarias para que la igualdad sea efectiva, intentando transformar aquellos límites y obstáculos culturales, económicos, políticos y sociales.

Incidencia política
La incidencia política es una línea de trabajo -a menudo desarrollada por ONG, entre otros actores sociales- cuyo objetivo es visibilizar una situación injusta, denunciarla y promover el desarrollo de políticas públicas que eviten o minimicen la injusticia.

Indicador de género
Indicador que recoge información objetiva sobre el estatus y actividades de las mujeres en relación a los hombres permitiendo comparaciones a lo largo del tiempo.

Iniciativa social
También conocido como tercer sector. Es un conglomerado de agrupaciones, asociaciones, organizaciones y movimientos con múltiples elementos que los diferencian entre sí. Son grupos artificiales con un mínimo de perma-

nencia y organización, que legalmente no pueden repartir beneficios entre personas asociadas, que tratan de mejorar la situación de colectivos y están gobernadas autónomamente.

Intervención social
Acción programada por la que las instituciones o entidades sociales inciden en las personas de una comunidad con el doble objetivo de producir cambios sociales y eliminar situaciones que generen desigualdad.

Mainstreaming de género
Es la organización (reorganización), la mejora, el desarrollo y la evaluación de los procesos políticos, de modo que la perspectiva de igualdad de género, se incorpore en todas las políticas, a todos los niveles y en todas las etapas, por los actores normalmente involucrados en la adopción de medidas políticas.

Metodologías participativas
Herramientas de intervención en las que se buscan aportaciones ciudadanas para la toma de decisiones que afectarán a la colectividad.

Órganos de participación ciudadana
Espacios de carácter representativo, creados por las administraciones, para profundizar en el ejercicio democrático de la ciudadanía en temas de gestión de interés público.

Participación ciudadana
Intervención activa y consciente de los ciudadanos y ciudadanas de un país en la toma de decisiones de las políticas públicas y de los asuntos públicos de su ciudad o pueblo, como derecho fundamental, tanto de manera individual como colectiva, a través de los dispositivos y herramientas establecidos en las leyes. Está basada en varios mecanismos para que la población tenga acceso a las decisiones del gobierno de manera independiente sin necesidad de formar parte del gobierno o de un partido político.

Participación equilibrada de mujeres y hombres
Reparto de las posiciones de poder y de toma de decisiones (entre el 40 % y el 60 % por sexo) entre mujeres y hombres en todas las esferas de la vida, que constituye una condición importante para la igualdad entre mujeres y hombres.

Patriarcado
Sistema de organización social basado en el poder de la figura del pater elevado a la categoría política y económica y generalizada a todos los ámbitos de actuación donde se reproducirá el sistema de jerarquía y dominación masculina.

Perspectiva de género
Tomar en consideración y prestar atención a las diferencias entre mujeres y hombres en cualquier actividad o ámbitos dados de una política.

Análisis de la realidad surgido desde el pensamiento feminista para interpretar las relaciones de poder que existen entre mujeres y hombres.

Pone de manifiesto que el origen y la perpetuación de la desigualdad no responde a situaciones naturales o biológicas sino a la construcción social transmitida a través de la socialización diferenciada de género.

Planes de igualdad de las empresas
Conjunto ordenado de medidas, adoptadas después de realizar un diagnóstico de situación, tendentes a alcanzar en la empresa la igualdad de trato y de oportunidades entre mujeres y hombres y a eliminar la discriminación por razón de sexo.

Políticas de igualdad de oportunidades
Instrumento político que prevé la aplicación de estrategias y medidas de actuación tendentes a corregir las situaciones de desequilibrio detectadas entre los grupos poblacionales.

Políticas participativas
Conjunto de medidas administrativas que garantizan la libre expresión de la ciudadanía y un determinado grado de toma de decisiones en los asuntos de interés general.

Proceso participativo
Conjunto articulado o sucesión encadenada de acciones planificadas para encauzar la participación ciudadana en la toma de decisiones políticas.

Reparto de responsabilidades
Distribución de los actos asumidos voluntariamente entre dos o más personas.

Rol de género
Pautas de acción y comportamientos asignadas a mujeres y a hombres, respectivamente, e inculcadas y perpetuadas por el proceso de socialización diferenciado.

Sexismo
Actitud o comportamiento excluyente y discriminatorio respecto a una persona por razón de su sexo.

Sexo
Características biológicas que distinguen a la hembra del macho.

Sistema de géneros
Conjunto de estructuras socioeconómicas y políticas que mantienen y perpetúan los roles tradicionales femenino y masculino, así como lo clásicamente atribuido a mujeres y a hombres.

Socialización
Proceso de aprendizaje por el que la persona adquiere su identidad social y cultural conformada por el conjunto de valores, pautas y normas que se consideran apropiadas según sea su grupo de pertenencia y se integra en la sociedad, a través de la interactuación con otras personas de su mismo grupo o no.

Trabajo en red
Metodología de trabajo proveniente del desarrollo social comunitario. El trabajo en red abre una línea de colaboración y complementación entre los recursos locales de un ámbito territorial, con el fin, entre otros, de favorecer la participación y evitar duplicidades, competencias y descoordinación entre los sectores implicados en una comunidad o territorio.

Transversalidad
Supone la integración de la perspectiva de género en el conjunto de políticas, considerando, sistemáticamente, las situaciones, prioridades y necesidades respectivas de mujeres y hombres, con vistas a promover la igualdad entre ambos sexos y teniendo en cuenta, activa y abiertamente, desde la fase de planificación, sus efectos en las situaciones respectivas de unas y otros cuando se apliquen, supervisen y evalúen.

Bibliografía

Monografías

- BIENCINTO, N. y GONZÁLEZ, A.: *La transversalidad de género: métodos y técnicas.* Sevilla: Unidad de Igualdad de Género Instituto Andaluz de la Mujer, 2010.

- BUSTOS, C. y MORENO, A.: *Los equipos. Cómo trabajar en común sin tirarnos los trastos. Cuaderno practico tres.* Cádiz: CRAC/ACUDEX, 2010.

- DE LA RIVA, F. y MORENO, A.: *Redes asociativas. Suma fuerzas para multiplicar resultados. Cuaderno práctico 4.* Cádiz: CRAC/ACUDEX, 2010.

- GAVILÁN, B.: *Guía para la gestión de proyectos sociales. Observatorio del Tercer Sector de Bizkaia.* Bizkaia: Berekintza, 2010.

- MAX-NEEF, M., ELIZALDE, A. y HOPENHAYN, M.: Desarrollo a escala humana: Opciones para el futuro. Madrid: Biblioteca CF+S, 2010.

- PARADAS, C. y DE LA RIVA, F.: *Los Proyectos. Cómo convertir sus ideas en acción sin liarse como la pata de un romano. Cuaderno práctico dos.* Cádiz: CRAC/ACUDEX, 2010.

- SANTOS, E.: *Metodologías participativas y democráticas transformadoras.* Madrid: Observatorio Internacional de Ciudadanía y Medio Ambiente Sostenible (CIMAS), 2018.

- PICKETT, K. y WILKINSON, R. G.: *Igualdad.* Madrid: Capitán Swing Libros, 2019.

Textos electrónicos, bases de datos y programas informáticos

- Ayuntamiento de Barberá del Vallés, Programa Municipal de políticas para la equidad de género, 2023, de: <https://www.bdv.cat/es/programas-municipales>.
- Colectivo de Educación para la Participación, de: <http://redasociativa.org/crac/>.
- Escuela de Administración Pública de Extremadura, de: <http://eap.juntaex.es/>.
- III Plan Estratégico para la Igualdad Efectiva de Mujeres y Hombres 2022-2025, de: <https://www.inmujeres.gob.es/areasTematicas/AreaPlanificacionEvaluacion/Planes-Estrategicos.htm>.
- Federación de Mujeres Jóvenes, de: <http://www.mujeresjovenes.org/>.
- Habilidad social, de: <https://habilidadsocial.com/>.
- Igualdad de Género Comisión Europea, de: <https://ec.europa.eu/info/policies/justice-and-fundamental-rights/gender-equality_en>.
- Instituto Nacional de Estadística, de: <http://www.ine.es/>.
- Instituto Andaluz de la Mujer, de: <http://www.juntadeandalucia.es/institutodelamujer>.
- Instituto Asturiano de la Mujer, de: <https://iam.asturias.es/inicio>.
- Instituto de la Mujer de Castilla-La Mancha, de: <https://institutomujer.castillalamancha.es/>.
- Instituto de las Mujeres, de: <http://www.inmujer.gob.es/>.
- Mujeres en Red, de: <http://www.mujeresenred.net/>.
- Mujer palabra, de: <http://www.mujerpalabra.net/>.
- Murgibe, de: <http://www.murgibe.com/>.

- Observatorio Andaluz de la Publicidad no sexista, de: <https://www.juntadeandalucia.es/institutodelamujer/index.php/observatorio-andaluz-de-publicidad-no-sexista>.

- Organización de las Naciones Unidas para la Alimentación, de: <http://www.fao.org/home/en/>.

- Organización de Estados Iberoamericanos para la Educación, la Ciencia y la Cultura, de: <https://oei.int/>.

- Unidad de Igualdad de Género de Andalucía, de: <https://www.juntadeandalucia.es/temas/familias-igualdad/mujeres.html>.